MaToK Deliberation Team

We gratefully acknowledge the guidance of:

Charlotte Abramson, Solomon Schechter Day School of Essex and Union
Dr. Bonnie Botel-Sheppard, Penn-Literacy Network
Rabbi Neil Gillman, The Jewish Theological Seminary
Charlotte Glass, Solomon Schechter Day Schools of Chicago
Dr. Tikva Frymer-Kensky ל״ז, University of Chicago
Dr. Kathryn Hirsh-Pasek, Temple University
Dr. Steven Lorch, Solomon Schechter Day School of Manhattan
Dr. Ora Horn Prouser, Academy for Jewish Religion, New York
Rabbi Benjamin Scolnic, Temple Beth Sholom, Hamden, CT

Curriculum Writers

Marcia Lapidus Kaunfer, *Associate Editor*
Ellen Rank, *Associate Editor*

Charlotte Abramson
Gila Azrad
Rabbi Greta Brown
Mimi Brandwein
Heather Fiedler
Rebecca Friedman
Orly Gonen
Rabbi Pamela Gottfried
Penina Grossberg

Sally Hendelman
Rabbi Brad Horwitz
Rabbi Elana Kanter
Naamit Kurshan
Dr. Deborah Uchill Miller
Ellen Rank
Ami Sabari
Rabbi Jon Spira-Savett
Miriam Taub

Laura Wiseman

English Edition

Rabbi Gary Karlin, *Editor*
Rabbi Gerry Teller, *Translator*
Rabbi Miles B. Cohen, *Compositor*

Advisory Panel of Bible Scholars

We are grateful for the help of:

Dr. Stephen Garfinkel, The Jewish Theological Seminary
Dr. Robert A. Harris, The Jewish Theological Seminary
Dr. Gary Rendsburg, Rutgers University

Artwork
Experimental edition
Arielle Miller-Timen, Karen Ostrove

Translation
Ruthie Bashan, Mira Bashan

What is the בְּרִית?

בְּבַקָּשָׁה:

Section א

- הַבֶּט־נָא הַשָּׁמַיְמָה וּסְפֹר הַכּוֹכָבִים...כֹּה יִהְיֶה זַרְעֶךָ. (בְּרֵאשִׁית פֶּרֶק טו פָּסוּק ה)
- ...לְזַרְעֲךָ נָתַתִּי אֶת־הָאָרֶץ הַזֹּאת... (בְּרֵאשִׁית פֶּרֶק טו פָּסוּק יח)
- וַהֲקִמֹתִי אֶת־בְּרִיתִי בֵּינִי וּבֵינֶךָ וּבֵין זַרְעֲךָ אַחֲרֶיךָ לְדֹרֹתָם לִבְרִית עוֹלָם,
  לִהְיוֹת לְךָ לֵא·לֹהִים וּלְזַרְעֲךָ אַחֲרֶיךָ. (בְּרֵאשִׁית פֶּרֶק יז פָּסוּק ז)

1. God says:

   I will establish

   "וַהֲקִמֹתִי אֶת ____________" (פֶּרֶק יז פָּסוּק ז)

   To whom is God saying this? ____________

2. Who will be the partners in the בְּרִית?

   The partners will be God, and ____________, and ____________.

3. To whom will God give הָאָרֶץ (the Land of Israel)? (פֶּרֶק טו פָּסוּק יח)

   God will give it to ____________.

4. Which שֹׁרֶשׁ repeats many times?

   The שֹׁרֶשׁ of ☐☐☐ occurs ☐ times.

Section ב

- גּוּר בָּאָרֶץ הַזֹּאת וְאֶהְיֶה עִמְּךָ וַאֲבָרְכֶךָּ, כִּי לְךָ וּלְזַרְעֲךָ אֶתֵּן
vow I will fulfill
אֶת־כָּל־הָאֲרָצֹת הָאֵל (הָאֵלֶּה) וַהֲקִמֹתִי אֶת־הַשְּׁבֻעָה (נֶדֶר) אֲשֶׁר נִשְׁבַּעְתִּי
לְאַבְרָהָם אָבִיךָ.

I will increase your descendents as the stars of the sky.
- וְהִרְבֵּיתִי אֶת־זַרְעֲךָ כְּכוֹכְבֵי הַשָּׁמַיִם
וְנָתַתִּי לְזַרְעֲךָ אֵת כָּל־הָאֲרָצֹת הָאֵל(הָאֵלֶּה) . . .

(בְּרֵאשִׁית פֶּרֶק כו פְּסוּקִים ג–ד)

5 To whom does God say, "וַהֲקִמֹתִי אֶת־הַשְּׁבֻעָה"? To ________________

6 To whom does God give הָאָרֶץ?

To ________________, and to ________________

7 Which שֹׁרֶשׁ repeats many times?

The שֹׁרֶשׁ of ☐☐☐ occurs ☐ times.

Section ג

- . . . אֲנִי ה' אֱ·לֹהֵי אַבְרָהָם אָבִיךָ וֵא·לֹהֵי יִצְחָק,
הָאָרֶץ אֲשֶׁר אַתָּה שֹׁכֵב עָלֶיהָ לְךָ אֶתְּנֶנָּה וּלְזַרְעֶךָ.
- וְהָיָה זַרְעֲךָ כַּעֲפַר הָאָרֶץ וּפָרַצְתָּ יָמָּה וָקֵדְמָה וְצָפֹנָה וָנֶגְבָּה . . .

(בְּרֵאשִׁית פֶּרֶק כח פְּסוּקִים יג–יד)

8 With whom is God speaking? ________________

9 To whom does God give הָאָרֶץ?

To ________________, and to ________________

10 Let us summarize:

What does God promise in the highlighted passages?

In סָגֹל: ______________________________

In כָּחֹל: ______________________________

In אָדֹם: ______________________________

א All of these are parts of the בְּרִית (covenant: an agreement between two parties)

between ______________________________

and the ______________________________.

ב With whom does God make a בְּרִית?
כִּתְבוּ — **Write** the names.

In Section א — with ____________________

In Section ב — with ____________________

In Section ג — with ____________________

11 We read in סֵפֶר שְׁמוֹת that God fulfilled one part of the בְּרִית.

- Which part? ______________________________
- In which פֶּרֶק and פָּסוּק is this written? ____________________

א At this point, בְּנֵי יִשְׂרָאֵל are slaves in מִצְרַיִם.
Which part of the בְּרִית has God not fulfilled?

____

פָּרָשַׁת וָאֵרָא

פֶּרֶק ו פְּסוּקִים ב–ח

What Does God Promise?

1 וָאֵרָא (ר–א–ה): אֲנִי נִרְאֵיתִי I appeared

2 בְּאֵ·ל שַׁ·דָּי כְּאֵ·ל שַׁ·דָּי as El Shaddai

3 לֹא נוֹדַעְתִּי לָהֶם (י–ד–ע)
I did not make known to them

4 הֲקִמֹתִי (ק–ו–מ) קִיַּמְתִּי I established

5 אֶרֶץ מְגֻרֵיהֶם (ג–ו–ר) הָאָרֶץ שֶׁהֵם גָּרִים בָּהּ
the land in which they dwell

6 נַאֲקַת צַעֲקַת the cry of

7 מַעֲבִדִים (ע–ב–ד) enslaving

8 וָאֶזְכֹּר (ז–כ–ר) זָכַרְתִּי I remembered

ב וַיְדַבֵּר אֱ·לֹהִים אֶל מֹשֶׁה וַיֹּאמֶר אֵלָיו:
"אֲנִי ה'.

ג וָאֵרָא[1] אֶל אַבְרָהָם אֶל יִצְחָק וְאֶל יַעֲקֹב
בְּאֵ·ל שַׁ·דָּי[2],
וּשְׁמִי ה' לֹא נוֹדַעְתִּי לָהֶם[3].

מָתַי?
When?

ד וְגַם הֲקִמֹתִי[4] אֶת־בְּרִיתִי אִתָּם
לָתֵת לָהֶם אֶת־אֶרֶץ כְּנָעַן,
אֵת אֶרֶץ מְגֻרֵיהֶם[5] אֲשֶׁר־גָּרוּ בָהּ.

Tense: ____________________

ה וְגַם אֲנִי שָׁמַעְתִּי אֶת־נַאֲקַת[6] בְּנֵי יִשְׂרָאֵל
אֲשֶׁר מִצְרַיִם מַעֲבִדִים[7] אֹתָם,
וָאֶזְכֹּר[8] אֶת־בְּרִיתִי.

Tense: ____________________

Tense: ____________________

מָתַי? When?

ו לָכֵן אֱמֹר לִבְנֵי יִשְׂרָאֵל:

'אֲנִי ה'

וְהוֹצֵאתִי אֶתְכֶם מִתַּחַת סִבְלֹת[9] מִצְרַיִם — Tense: ____________

וְהִצַּלְתִּי[10] אֶתְכֶם מֵעֲבֹדָתָם, — Tense: ____________

וְגָאַלְתִּי[11] אֶתְכֶם בִּזְרוֹעַ נְטוּיָה וּבִשְׁפָטִים גְּדֹלִים[12]. — Tense: ____________

ז וְלָקַחְתִּי אֶתְכֶם לִי לְעָם — Tense: ____________

וְהָיִיתִי לָכֶם לֵא·לֹהִים, — Tense: ____________

וִידַעְתֶּם כִּי אֲנִי ה' אֱ·לֹהֵיכֶם

הַמּוֹצִיא אֶתְכֶם מִתַּחַת סִבְלוֹת מִצְרָיִם.

ח וְהֵבֵאתִי אֶתְכֶם אֶל הָאָרֶץ — Tense: ____________

אֲשֶׁר נָשָׂאתִי אֶת־יָדִי[13] — Tense: past

לָתֵת אֹתָהּ לְאַבְרָהָם לְיִצְחָק וּלְיַעֲקֹב,

וְנָתַתִּי אֹתָהּ לָכֶם מוֹרָשָׁה[14] — Tense: ____________

אֲנִי ה'.'"

9 סִבְלוֹת (ס–ב–ל) labors

10 וְהִצַּלְתִּי (נ–צ–ל) אֲנִי אַצִּיל I will rescue

11 וְגָאַלְתִּי (ג–א–ל) אֲנִי אֶגְאַל I will redeem

12 וּבִשְׁפָטִים גְּדֹלִים בְּמַכּוֹת חֲזָקוֹת with powerful plagues

13 נָשָׂאתִי אֶת־יָדִי (נ–שׂ–א) נִשְׁבַּעְתִּי I have sworn

14 מוֹרָשָׁה יְרֻשָּׁה heritage

קְרִיאָה מְרַפְרֶפֶת (פְּסוּקִים ב–ח)
(Introductory Reading)

בְּבַקָּשָׁה:

1. **Highlight** on pages 7–8: אֲנִי ה׳   בְּרִית   אֶרֶץ   נ–ת–נ

הַשְׁלִימוּ א — **Complete:**

All of these are parts of the ______________ between (1) God

and (2) ______________ ______________ and ______________.

2. כִּתְבוּ — **Write** the terms in פָּסוּק ב and פָּסוּק ח that create a מִסְגֶּרֶת.

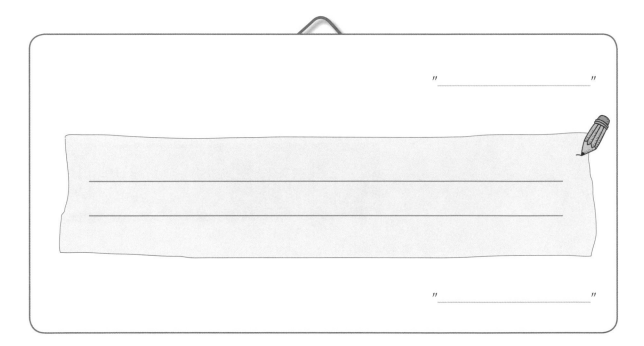

"______________"

____

____

"______________"

3. כִּתְבוּ — **Write** inside the מִסְגֶּרֶת what God speaks about with מֹשֶׁה. See question 1.

4 <u>Underline</u> the verbs in פְּסוּקִים ו–ח (on page 8) that end in תִּי.

You found ☐ verbs.

א Read פְּסוּקִים ו–ח aloud and emphasize the תִּי.

ב תִּי emphasizes ____________________.

הַסְבִּירוּ — **Explain**: ____

____

5 (Circle) on page 8 each occurrence of the word אֶתְכֶם. The word occurs ☐ times.

א To whom does אֶתְכֶם refer? ____________________

ב Why does the word אֶתְכֶם repeat so many times, in your opinion?

____

____

קְרִיאָה מַעֲמִיקָה (פְּסוּקִים ב–ח)

(In-depth Reading)

1 God presents Himself as אֲנִי ה׳.
What has God done? הַשְׁלִימוּ — **Complete**:

God made a בְּרִית with the אָבוֹת and promised them ____________________. (פסוק ד)

God heard ____

and remembered ____. (פסוק ה)

2 Why does God mention the בְּרִית with the אָבוֹת now, in your opinion?

_____

_____

3 Why does God mention the promise of הָאָרֶץ, in your opinion?

_____

_____

4 How does מֹשֶׁה feel after God speaks with him, in your opinion? הַסְבִּירוּ — **Explain**.

_____

_____

_____

5 מֹשֶׁה has to tell the words of God to עַם יִשְׂרָאֵל.
How will עַם יִשְׂרָאֵל react when they hear this, in your opinion? הַסְבִּירוּ — **Explain**.

_____

_____

_____

6 **Challenge Question**

Why does God emphasize both the actions of God, and also the word אֶתְכֶם,
in your opinion?

_____

_____

11

God's Promises in the תּוֹרָה and the סֵדֶר פֶּסַח

How Many Cups of Wine Do We Need to Drink?

Did you know?

At the סֵדֶר פֶּסַח we drink four cups of wine in order to remember the 4 expressions of גְּאֻלָּה (redemption).

1 הַשְׁלִימוּ — Complete:

The Expressions of Redemption לְשׁוֹנוֹת הַגְּאֻלָּה	
בִּלְשׁוֹנֵנוּ	**בִּלְשׁוֹן הַתּוֹרָה**
I will take out אֲנִי אוֹצִיא	1. ____________________ ____________________
I will save, rescue אֲנִי אַצִּיל	2. ____________________ ____________________
I will redeem אֲנִי אֶגְאַל	3. ____________________ ____________________
I will take אֲנִי אֶקַּח	4. ____________________ ____________________
I will bring אֲנִי אָבִיא	____________________ ____________________

2 הַשְׁלִימוּ — **Complete:** (פְּסוּקִים ו־ח)

וְהוֹצֵאתִי אֶתְכֶם מִ____________________

וְהִצַּלְתִּי אֶתְכֶם מֵ____________________

וְגָאַלְתִּי אֶתְכֶם בִּ____________________

וְלָקַחְתִּי אֶתְכֶם לִי לְ____________________

וְהֵבֵאתִי אֶתְכֶם אֶל ____________________

3 The first three promises —
"וְהוֹצֵאתִי" "וְהִצַּלְתִּי" "וְגָאַלְתִּי"

are connected to ______________________________.

4 In the fourth promise — "וְלָקַחְתִּי" — the connection is between

____________________ and ____________________.

א God says "וְלָקַחְתִּי אֶתְכֶם" (פָּסוּק ז). To which promise of the בְּרִית is God referring? (Look back at בְּרֵאשִׁית פֶּרֶק יז פָּסוּק ז.)

____

5 What does God promise in the fifth promise — "וְהֵבֵאתִי"? ____________________

א To which promise of the בְּרִית is God referring?
(Look back at בְּרֵאשִׁית פֶּרֶק טו פָּסוּק יח.)

"____"

6 How is the promise "וְהֵבֵאתִי" different from the promises
"וְהוֹצֵאתִי" "וְהִצַּלְתִּי" "וְגָאַלְתִּי"

____

____

7 There is an ancient disagreement: Do we drink 4 cups or 5 cups?

5 cups!
יְצִיאַת מִצְרַיִם was in order to go to כְּנַעַן! They are all connected!

4 cups!
The main point — יְצִיאַת מִצְרַיִם!

5 cups!
If we had not reached אֶרֶץ כְּנַעַן, then why would we have left מִצְרַיִם?

4 cups!
If we had not left מִצְרַיִם, we would have never reached אֶרֶץ כְּנַעַן!

● In my opinion, we must drink ☐ cups, because _____

_____ .

The Traditional Compromise:

We place the fifth cup on the table but do not drink it.
We wait until אֵלִיָּהוּ הַנָּבִיא (Elijah the Prophet) will tell us if we may drink it.

Therefore, we call the fifth cup: _____ כּוֹסוֹ שֶׁל the cup of

פֶּרֶק ו פָּסוּק ט

The End of the Matter

ט וַיְדַבֵּר מֹשֶׁה כֵּן אֶל בְּנֵי יִשְׂרָאֵל,
וְלֹא שָׁמְעוּ אֶל מֹשֶׁה
מִקֹּצֶר רוּחַ וּמֵעֲבֹדָה קָשָׁה.

1 בַּחֲרוּ וְהַסְבִּירוּ — Choose and explain:

בְּנֵי יִשְׂרָאֵל did not listen to מֹשֶׁה because they were: (פָּסוּק ט)

☐ impatient ☐ hopeless, despairing ☐ downtrodden ☐ tired from the hard work

They felt that way because ____

____.

To Summarize:

2 מֹשֶׁה meets with עַם יִשְׂרָאֵל or its representatives 3 times.

תָּאֲרוּ — Use colors to **describe** or represent the relationships in each meeting.

With זִקְנֵי יִשְׂרָאֵל and the עַם	With the שׁוֹטְרִים	With עַם יִשְׂרָאֵל
(פֶּרֶק ד פְּסוּקִים כט–לא)	(פֶּרֶק ה פְּסוּקִים כ–כא)	(פֶּרֶק ו פָּסוּק ט)

3 How does מֹשֶׁה feel about עַם יִשְׂרָאֵל, in your opinion? (פֶּרֶק ו פָּסוּק ט)

_____

_____

א What does מֹשֶׁה want to say to God, in your opinion?

_____

_____

ב What would you say to מֹשֶׁה in order to encourage him?

_____

_____

פֶּרֶק ז פְּסוּקִים א–ז

What is God's Plan?

א וַיֹּאמֶר ה' אֶל מֹשֶׁה:

"רְאֵה נְתַתִּיךָ[1] אֱלֹהִים לְפַרְעֹה,

וְאַהֲרֹן אָחִיךָ יִהְיֶה נְבִיאֶךָ[2].

ב אַתָּה תְדַבֵּר אֵת כָּל־אֲשֶׁר אֲצַוֶּךָּ[3],

וְאַהֲרֹן אָחִיךָ יְדַבֵּר אֶל פַּרְעֹה

וְשִׁלַּח אֶת־בְּנֵי יִשְׂרָאֵל מֵאַרְצוֹ.

ג וַאֲנִי אַקְשֶׁה[4] אֶת־לֵב פַּרְעֹה,

וְהִרְבֵּיתִי[5] אֶת־אֹתֹתַי[6] וְאֶת־מוֹפְתַי[7] בְּאֶרֶץ מִצְרָיִם.

ד וְלֹא יִשְׁמַע אֲלֵכֶם פַּרְעֹה

וְנָתַתִּי[8] אֶת־יָדִי בְּמִצְרָיִם,

וְהוֹצֵאתִי אֶת־צִבְאֹתַי[9] אֶת־עַמִּי בְנֵי־יִשְׂרָאֵל

מֵאֶרֶץ מִצְרַיִם בִּשְׁפָטִים[10] גְּדֹלִים.

1 נְתַתִּיךָ (נ–ת–נ) נָתַתִּי אוֹתְךָ, עָשִׂיתִי אוֹתְךָ
I gave you, I made you

2 נְבִיאֶךָ הַנָּבִיא שֶׁלְּךָ your prophet

3 אֲצַוֶּךָּ (צ–ו–ה) אֲצַוֶּה עָלֶיךָ I will command you

4 אַקְשֶׁה (ק–ש–ה) אֶעֱשֶׂה שֶׁהוּא יִהְיֶה קָשֶׁה
I will make [it] hard

5 וְהִרְבֵּיתִי (ר–ב–ה) אֶעֱשֶׂה שֶׁיִּהְיוּ רַבִּים
I will make them numerous

6 אֹתֹתַי הָאוֹתוֹת שֶׁלִּי my signs

7 מוֹפְתַי my miracles

8 וְנָתַתִּי אֶת־יָדִי (נ–ת–נ) אֶשְׁלַח אֶת יָדִי
I will send my hand

9 צִבְאֹתַי הַצְּבָאוֹת שֶׁלִּי my armies

10 בִּשְׁפָטִים (ש–פ–ט) with judgments

ה וְיָדְעוּ מִצְרַיִם כִּי אֲנִי ה'

בִּנְטֹתִי אֶת־יָדִי[11] עַל מִצְרָיִם,

וְהוֹצֵאתִי אֶת־בְּנֵי יִשְׂרָאֵל מִתּוֹכָם."

ו וַיַּעַשׂ מֹשֶׁה וְאַהֲרֹן,

כַּאֲשֶׁר צִוָּה ה' אֹתָם

כֵּן עָשׂוּ.

ז וּמֹשֶׁה בֶּן שְׁמֹנִים שָׁנָה

וְאַהֲרֹן בֶּן שָׁלֹשׁ וּשְׁמֹנִים שָׁנָה,

בְּדַבְּרָם[12] אֶל פַּרְעֹה.

---

11 בִּנְטֹתִי אֶת־יָדִי   כַּאֲשֶׁר אֶשְׁלַח אֶת יָדִי
when I will stretch out my hand

12 בְּדַבְּרָם   (ד–ב–ר)   כַּאֲשֶׁר הֵם דִּבְּרוּ   when they spoke

קְרִיאָה מְרַפְרֶפֶת (פְּסוּקִים א–ז)
(Introductory Reading)

בְּבַקָּשָׁה:

1. Who will say the words of God? (פָּסוּק ב) ____________________

2. Who will be the נָבִיא who will speak to פַּרְעֹה? (פְּסוּקִים א–ב) ____________________

3. **Highlight** בְּנֵי יִשְׂרָאֵל in כָּחֹל, and מִצְרַיִם in יָרֹק on pages 17–18.

4. **Highlight** the verb from the שֹׁרֶשׁ of ש-ל-ח in וָרֹד, and the verbs from the שֹׁרֶשׁ of י-צ-א in צָהֹב.

5. Who **will send** whom? From where? (פָּסוּק ד) ____________________

____

6. Who **will take out** whom? (פָּסוּק ב) ____________________

____

7. What will אֱ·לֹהִים do to the heart of פַּרְעֹה? (פָּסוּק ג) ____________________

____

8. אֱ·לֹהִים says that God will strike מִצְרַיִם. How does God say this?
הַשְׁלִימוּ — **Complete**.

"וְנָתַתִּי אֶת־ ____________________ בְּמִצְרָיִם" (פָּסוּק ד)

"בִּנְטֹתִי אֶת־ ____________________ עַל־מִצְרָיִם" (פָּסוּק ה)

9. What will מִצְרַיִם "know" ("יָדְעוּ")? (פָּסוּק ה) ____________________

____

קְרִיאָה מַעֲמִיקָה (פְּסוּקִים א–ז)
(In-depth Reading)

1 According to פָּסוּק א:

"...נְתַתִּיךָ אֱלֹהִים לְפַרְעֹה, וְאַהֲרֹן אָחִיךָ יִהְיֶה נְבִיאֶךָ."

מֹשֶׁה will be like a ____________________.

אַהֲרֹן will be like a ____________________.

א What is the meaning of אֱלֹהִים in this פָּסוּק, in your opinion?

ב What is the meaning of נָבִיא, in your opinion?

2 God's plan (פְּסוּקִים ב–ה). **הַשְׁלִימוּ — Complete**:

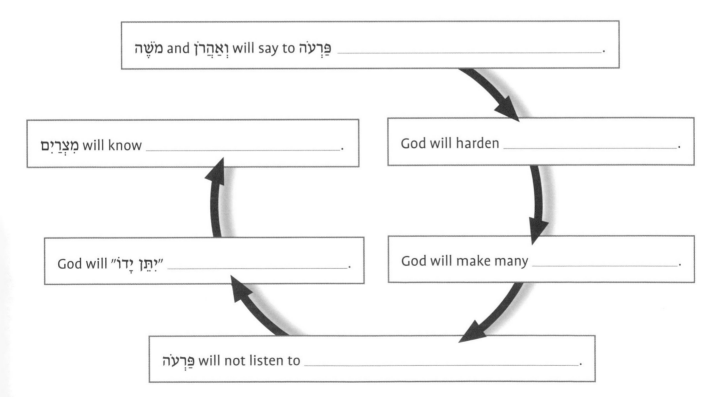

מֹשֶׁה and וְאַהֲרֹן will say to פַּרְעֹה ____________________.

God will harden ____________________.

God will make many ____________________.

פַּרְעֹה will not listen to ____________________.

God will "יִתֵּן יָדוֹ" ____________________.

מִצְרַיִם will know ____________________.

3 כִּתְבוּ — **Write** different interpretations of the term לֵב קָשֶׁה.

- _____
- _____
- _____

4 כִּתְבוּ — **Write** a story: A Time When I Hardened My Heart . . .

_____   _____

_____   _____

_____   _____

_____   _____

_____   _____

_____   _____

5 Why does God harden the heart of פַּרְעֹה, in your opinion?

כִּתְבוּ — **Write** at least 2 reasons.

_____

_____

א Was this a fair thing to do, in your opinion? הַסְבִּירוּ — **Explain**.

_____

_____

6 "יַד אֱ·לֹהִים" is a symbol for something. What is it, in your opinion?

_____

א What other symbol for power do you know?
צַיְּרוּ — **Draw** it.

7 פַּרְעֹה said to מֹשֶׁה and to אַהֲרֹן:

"מִי ה' אֲשֶׁר אֶשְׁמַע בְּקֹלוֹ לְשַׁלַּח אֶת־יִשְׂרָאֵל?

לֹא יָדַעְתִּי אֶת ה'

וְגַם אֶת־יִשְׂרָאֵל לֹא אֲשַׁלֵּחַ." (פֶּרֶק ה פָּסוּק ב)

Now, God says to מֹשֶׁה:

"וְיָדְעוּ מִצְרַיִם כִּי־אֲנִי ה' . . .

וְהוֹצֵאתִי אֶת־בְּנֵי־יִשְׂרָאֵל מִתּוֹכָם." (פֶּרֶק ז פָּסוּק ה)

● Who else will know ("יָדַע") God, in your opinion?

_____

8 **Challenge Question:** What is the meaning of לָדַעַת in these פְּסוּקִים?

_____

_____

_____

עֶשֶׂר מַכּוֹת מִצְרַיִם

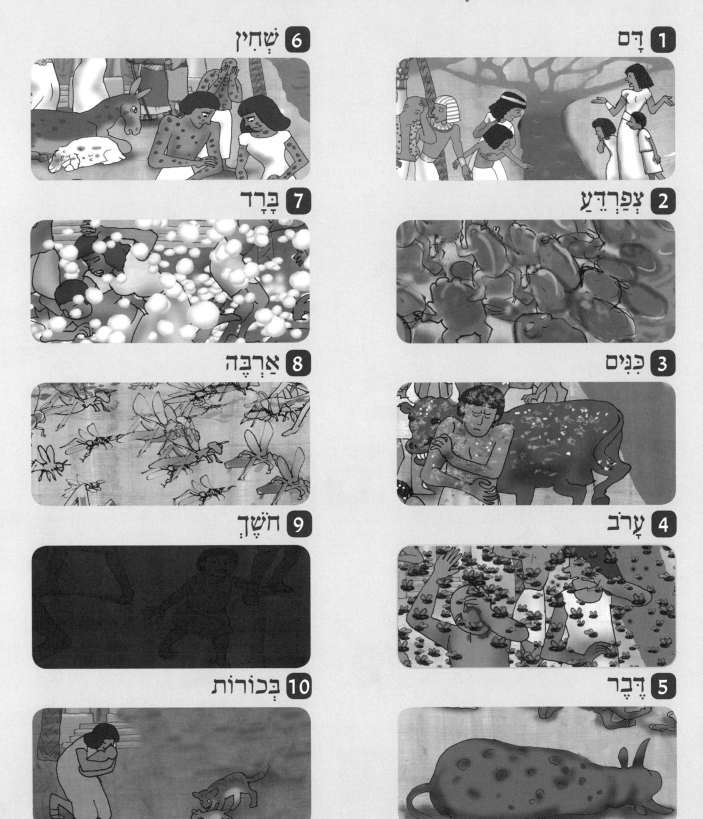

1 דָּם

2 צְפַרְדֵּעַ

3 כִּנִּים

4 עָרֹב

5 דֶּבֶר

6 שְׁחִין

7 בָּרָד

8 אַרְבֶּה

9 חֹשֶׁךְ

10 בְּכוֹרוֹת

Before reading שְׁאָר הַמַּכּוֹת — Repeating words and terms that are important to know

1 צִבְעוּ — **Highlight** the פְּסוּקִים בִּלְשׁוֹן הַתּוֹרָה on page 25 **in colors** to match the examples below.

2 צִבְעוּ — **Highlight** the פְּסוּקִים בִּלְשׁוֹנֵנוּ on page 25 **in colors** to match the examples below.

3 גִּזְרוּ — **Cut out** the פְּסוּקִים בִּלְשׁוֹן הַתּוֹרָה on page 25, and הַדְבִּיקוּ — **paste** them below the matching words on page 24.

הַעְתִּירוּ (ע-ת-ר) הִתְפַּלְּלוּ pray!

שַׁלַּח (שׁ-ל-ח) אַתָּה תְּשַׁלַּח send away!

מָאֵן אַתָּה מְסָרֵב refuse

וַיֶּחֱזַק (ח-ז-ק) it became hardened

וַיִּכְבַּד (כ-ב-ד) הִכְבַּדְתִּי I made it hard

וַיֵּט (נ-ט-ה) held out

וַיַּךְ (נ-כ-ה) struck

הַחַרְטֻמִּים בְּלָטֵיהֶם the magicians, with their spells

בַּעֲבוּר כְּדֵי so that

לְמַעַן כְּדֵי so that

וְהִפְלָה וְיַבְדִּיל he will make a distinction between

הַפְּסוּקִים בִּלְשׁוֹנֵנוּ

– תְּשַׁלַּח אֶת בנ"י מִמִּצְרַיִם וְהֵם יַעַבְדוּ אֶת ה'
— Send בְּנֵי יִשְׂרָאֵל out from מִצְרַיִם so they may worship God.

– אִם תְּסָרֵב לְשַׁלַּח אֶת בנ"י אָז...
— If you refuse to send out בְּנֵי יִשְׂרָאֵל, then . . .

– הוּא הֵרִים אֶת הַיָּד שֶׁלּוֹ וְהִכָּה
— He lifted his hand and struck

– כְּדֵי שֶׁתֵּדַע שֶׁאֲנִי ה'
— So that you shall know that I am God

– ה' יַבְדִּיל בֵּין יִשְׂרָאֵל לְבֵין מִצְרַיִם
— God will make a distinction between יִשְׂרָאֵל and מִצְרַיִם.

– הַחַרְטֻמִּים בְּמִצְרַיִם עָשׂוּ קְסָמִים
— The magicians in מִצְרַיִם made magic spells.

– תִּתְפַּלְּלוּ אֶל ה' וַאֲנִי אֲשַׁלַּח אֶת יִשְׂרָאֵל
— Pray to God, and I will send יִשְׂרָאֵל.

– הַלֵּב שֶׁל פַּרְעֹה הָיָה "חָזָק" וְהוּא לֹא שָׁמַע
—The heart of פַּרְעֹה was "חָזָק", and he did not listen.

הַפְּסוּקִים בִּלְשׁוֹן הַתּוֹרָה

"הַעְתִּירוּ אֶל ה'...וַאֲשַׁלְּחָה אֶת־הָעָם"

"שַׁלַּח עַמִּי וְיַעַבְדֻנִי..."

"לְמַעַן תֵּדַע כִּי אֲנִי ה'..."

"וַיֶּחֱזַק לֵב פַּרְעֹה וְלֹא שָׁמַע..."

"וַיֵּט...אֶת־יָדוֹ..." "וַיַּךְ אֶת־..."

"וְאִם מָאֵן אַתָּה לְשַׁלֵּחַ..." (אָז)

"וַיַּעֲשׂוּ־כֵן הַחַרְטֻמִּים בְּלָטֵיהֶם"

"וְהִפְלָה ה' בֵּין יִשְׂרָאֵל וּבֵין...מִצְרָיִם"

How Will We Study
the הַמַּכּוֹת?

א We will study one מַכָּה with the teacher as
an example: **אַרְבֶּה** (pages 27–33)

ב Afterwards, we will study eight more מַכּוֹת
in groups.

ג Finally, we will study the **מַכַּת בְּכוֹרוֹת**
all together.

How Will We Work?

1 נְסַמֵּן — **We will highlight** פְּסוּקִים in colors.

2 נַדְבִּיק — **We will paste** icons next to פְּסוּקִים.

3 נִכְתֹּב — **We will write** quotations.

4 נְסַפֵּר — **We will retell** the story briefly.

5 נִשְׁאַל — **We will ask** questions.

הַמַּכָּה הַשְּׁמִינִית: אַרְבֶּה locusts eighth

פָּרָשַׁת בֹּא – פֶּרֶק י פְּסוּקִים א-כ

א וַיֹּאמֶר ה' אֶל מֹשֶׁה: "בֹּא אֶל פַּרְעֹה

כִּי אֲנִי הִכְבַּדְתִּי אֶת־לִבּוֹ וְאֶת־לֵב עֲבָדָיו

לְמַעַן שִׁתִי אֹתֹתַי אֵלֶּה בְּקִרְבּוֹ.

אֹתֹתַי   הָאוֹתוֹת שֶׁלִּי   my signs

ב וּלְמַעַן תְּסַפֵּר בְּאָזְנֵי בִנְךָ וּבֶן־בִּנְךָ

אֵת אֲשֶׁר הִתְעַלַּלְתִּי בְּמִצְרַיִם

וְאֶת־אֹתֹתַי אֲשֶׁר שַׂמְתִּי בָם,

וִידַעְתֶּם כִּי אֲנִי ה'."

ג וַיָּבֹא מֹשֶׁה וְאַהֲרֹן אֶל פַּרְעֹה

וַיֹּאמְרוּ אֵלָיו:

"כֹּה אָמַר ה' אֱ‑לֹהֵי הָעִבְרִים:

'עַד מָתַי מֵאַנְתָּ לֵעָנֹת מִפָּנָי? שַׁלַּח עַמִּי וְיַעַבְדֻנִי.

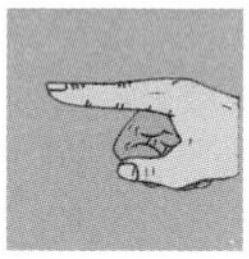

ד כִּי אִם מָאֵן אַתָּה לְשַׁלֵּחַ אֶת־עַמִּי,

הִנְנִי מֵבִיא מָחָר אַרְבֶּה בִּגְבֻלֶךָ.

ה וְכִסָּה אֶת־עֵין הָאָרֶץ

וְלֹא יוּכַל לִרְאֹת אֶת־הָאָרֶץ,

וְאָכַל אֶת־יֶתֶר הַפְּלֵטָה

הַנִּשְׁאֶרֶת לָכֶם מִן הַבָּרָד

וְאָכַל אֶת־כָּל־הָעֵץ הַצֹּמֵחַ לָכֶם מִן הַשָּׂדֶה.

ו וּמָלְאוּ בָתֶּיךָ וּבָתֵּי כָל־עֲבָדֶיךָ
וּבָתֵּי כָל־מִצְרַיִם
אֲשֶׁר לֹא רָאוּ אֲבֹתֶיךָ וַאֲבוֹת אֲבֹתֶיךָ
מִיּוֹם הֱיוֹתָם עַל הָאֲדָמָה עַד הַיּוֹם הַזֶּה',"
וַיִּפֶן וַיֵּצֵא מֵעִם פַּרְעֹה.

וּמָלְאוּ (מ–ל–א) they will fill

ז וַיֹּאמְרוּ עַבְדֵי פַרְעֹה אֵלָיו:
"עַד מָתַי יִהְיֶה זֶה לָנוּ לְמוֹקֵשׁ?!
שַׁלַּח אֶת־הָאֲנָשִׁים וְיַעַבְדוּ אֶת־ה' אֱ·לֹהֵיהֶם.
הֲטֶרֶם תֵּדַע כִּי אָבְדָה מִצְרָיִם?"

אָבְדָה (א–ב–ד) is lost

ח וַיּוּשַׁב אֶת־מֹשֶׁה וְאֶת־אַהֲרֹן אֶל פַּרְעֹה
וַיֹּאמֶר אֲלֵהֶם:
"לְכוּ עִבְדוּ אֶת־ה' אֱ·לֹהֵיכֶם,
מִי וָמִי הַהֹלְכִים?"

וַיּוּשַׁב (שׁ–ו–ב) [they were] returned

ט* וַיֹּאמֶר מֹשֶׁה: "בִּנְעָרֵינוּ וּבִזְקֵנֵינוּ נֵלֵךְ
בְּבָנֵינוּ וּבִבְנוֹתֵנוּ בְּצֹאנֵנוּ וּבִבְקָרֵנוּ נֵלֵךְ
כִּי חַג ה' לָנוּ."

. . . .

יג וַיֵּט מֹשֶׁה אֶת־מַטֵּהוּ עַל אֶרֶץ מִצְרַיִם
וַה' נִהַג רוּחַ קָדִים בָּאָרֶץ
כָּל־הַיּוֹם הַהוּא וְכָל־הַלָּיְלָה,
הַבֹּקֶר הָיָה
וְרוּחַ הַקָּדִים נָשָׂא אֶת־הָאַרְבֶּה.

נָשָׂא (נ–שׂ–א) הֵרִים lifted up and carried

*Memorize this פָּסוּק.

יד וַיַּעַל הָאַרְבֶּה עַל כָּל־אֶרֶץ מִצְרַיִם
וַיָּנַח בְּכֹל גְּבוּל מִצְרָיִם,
כָּבֵד מְאֹד
לְפָנָיו לֹא הָיָה כֵן אַרְבֶּה כָּמֹהוּ
וְאַחֲרָיו לֹא יִהְיֶה־כֵּן.

טו וַיְכַס אֶת־עֵין כָּל־הָאָרֶץ
וַתֶּחְשַׁךְ הָאָרֶץ
וַיֹּאכַל אֶת־כָּל־עֵשֶׂב הָאָרֶץ
וְאֵת כָּל־פְּרִי הָעֵץ אֲשֶׁר הוֹתִיר הַבָּרָד,
וְלֹא נוֹתַר כָּל־יֶרֶק בָּעֵץ וּבְעֵשֶׂב הַשָּׂדֶה
בְּכָל־אֶרֶץ מִצְרָיִם.

וַתֶּחְשַׁךְ (ח–ש–כ) נַעֲשָׂה חֹשֶׁךְ became dark

טז וַיְמַהֵר פַּרְעֹה לִקְרֹא לְמֹשֶׁה וּלְאַהֲרֹן,
וַיֹּאמֶר: "חָטָאתִי לַה' אֱ·לֹהֵיכֶם, וְלָכֶם.

יז וְעַתָּה שָׂא נָא חַטָּאתִי אַךְ הַפַּעַם
וְהַעְתִּירוּ לַה' אֱ·לֹהֵיכֶם,
וְיָסֵר מֵעָלַי רַק אֶת־הַמָּוֶת הַזֶּה."

. . . .

כ וַיְחַזֵּק ה' אֶת־לֵב פַּרְעֹה,
וְלֹא שִׁלַּח אֶת־בְּנֵי יִשְׂרָאֵל.

A First Reading

1 **Draw** a box around the name of the מַכָּה on pages 27–30.

The name of the מַכָּה occurs ☐ times.

2 **Highlight** in color, and then mark ☑:

☑ In יָרֹק, what מֹשֶׁה and אַהֲרֹן say to פַּרְעֹה. (פְּסוּקִים ג–ד)

☐ In אָדֹם, the actions that bring the מַכָּה, and the outcome of the מַכָּה. (פָּסוּק יג)

- The actions are: "וַי__________"

☐ In סָגֹל, the purpose of the מַכָּה. (פְּסוּקִים א–ב)

☐ In כָּחֹל, whom and what the מַכָּה injures. (פָּסוּק ה וּפָסוּק טו)

☐ In צָהֹב, what the advisors of פַּרְעֹה say or do. (פָּסוּק ז)

☐ In וָרֹד, what פַּרְעֹה requests of מֹשֶׁה and of אַהֲרֹן. (פָּסוּק יז)

☐ In כָּתֹם, what happens to the heart of פַּרְעֹה. (פָּסוּק כ)

- Who hardens the heart of פַּרְעֹה? (פָּסוּק כ) ______________________

A Second Reading

3 גִּזְרוּ — **Cut out** the icons on page 103, and save them in an .

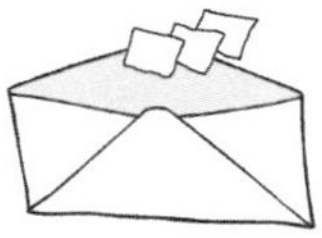

הַדְבִּיקוּ — **Paste** the correct icon next to the matching פָּסוּק or פְּסוּקִים on pages 27–30.

4 כִּתְבוּ — **Write** the correct פְּסוּקִים from pages 27–30 in לְשׁוֹן הַתּוֹרָה.
Use the colors to help you.
שִׂימוּ לֵב — Be careful: They do not all appear in the story of the מַכָּה!

יָרֹק מֹשֶׁה and אַהֲרֹן say to פַּרְעֹה and warn him: • "שַׁלַּח . . ." • "אִם מָאֵן . . ."

שַׁלַּח עַמִּי וְיַעַבְדֻנִי. כִּי אִם מָאֵן אַתָּה לְשַׁלֵּחַ אֶת־עַמִּי . . .

אָדֹם The actions that bring the מַכָּה: • "וַיֵּט . . ." • "וַיָּרֶם . . ." • "וַיַּךְ . . ."

סָגֹל The purpose of the מַכָּה: • "לְמַעַן . . ." • "בַּעֲבוּר . . ."

כָּחֹל The מַכָּה injures . . .

כָּחֹל The מַכָּה does not injure . . . • "וְהִפְלָה . . ."

צָהֹב The advisors of פַּרְעֹה say or do: • הַחַרְטֻמִּים • הָעֲבָדִים

וָרֹד פַּרְעֹה requests that מֹשֶׁה and אַהֲרֹן pray to God: • "הַעְתִּירוּ . . ."

כָּתֹם The heart of פַּרְעֹה: • "וַיֶּחֱזַק . . ." • "וַיִּכְבַּד . . ."

5 סַפְּרוּ — **Tell** the story of the מַכָּה. Use the פְּסוּקִים that you wrote to guide you.

6 I have questions for . . .

● פַּרְעֹה

_____

_____

_____

_____

● מֹשֶׁה וְאַהֲרֹן

_____

_____

_____

_____

● ה'

_____

_____

_____

_____

advisors
● הָעוֹזְרִים שֶׁל פַּרְעֹה

_____

_____

_____

_____

7 סַכְּמוּ — **Summarize** the מַכָּה in the table on page 72.
Mark ✓ in the appropriate places.
Use the פְּסוּקִים and the colors to help you.

blood
הַמַּכָּה הָרִאשׁוֹנָה: דָּם

פֶּרֶק ז פְּסוּקִים יד–כב

יד וַיֹּאמֶר ה' אֶל מֹשֶׁה:
"כָּבֵד לֵב פַּרְעֹה,
מֵאֵן לְשַׁלַּח הָעָם.

. . . .

טז וְאָמַרְתָּ אֵלָיו:
'ה' אֱ-לֹהֵי הָעִבְרִים שְׁלָחַנִי אֵלֶיךָ לֵאמֹר:
שַׁלַּח אֶת־עַמִּי וְיַעַבְדֻנִי בַּמִּדְבָּר
וְהִנֵּה לֹא שָׁמַעְתָּ עַד־כֹּה.

יז כֹּה אָמַר ה':
בְּזֹאת תֵּדַע כִּי אֲנִי ה':
הִנֵּה אָנֹכִי מַכֶּה בַּמַּטֶּה אֲשֶׁר בְּיָדִי
עַל הַמַּיִם אֲשֶׁר בַּיְאֹר,
וְנֶהֶפְכוּ לְדָם.

וְנֶהֶפְכוּ (ה–פ–כ) הֵם יֵהָפְכוּ they will be changed

יח וְהַדָּגָה אֲשֶׁר בַּיְאֹר תָּמוּת
וּבָאַשׁ הַיְאֹר,
וְנִלְאוּ מִצְרַיִם לִשְׁתּוֹת מַיִם מִן הַיְאֹר'."

וּבָאַשׁ will stink

וְנִלְאוּ לֹא יוּכְלוּ will not be able

יט וַיֹּאמֶר ה' אֶל מֹשֶׁה:
"אֱמֹר אֶל אַהֲרֹן:
'קַח מַטְּךָ וּנְטֵה יָדְךָ
עַל מֵימֵי מִצְרַיִם
עַל נַהֲרֹתָם עַל יְאֹרֵיהֶם וְעַל אַגְמֵיהֶם
וְעַל כָּל־מִקְוֵה מֵימֵיהֶם
וְיִהְיוּ־דָם,
וְהָיָה דָם בְּכָל־אֶרֶץ מִצְרַיִם
וּבָעֵצִים וּבָאֲבָנִים.'"

נַהֲרֹתָם, יְאֹרֵיהֶם, אַגְמֵיהֶם, מִקְוֵה מֵימֵיהֶם
their rivers, canals, ponds, bodies of water

כ וַיַּעֲשׂוּ־כֵן מֹשֶׁה וְאַהֲרֹן
כַּאֲשֶׁר צִוָּה ה'
וַיָּרֶם בַּמַּטֶּה וַיַּךְ אֶת־הַמַּיִם אֲשֶׁר בַּיְאֹר
לְעֵינֵי פַרְעֹה וּלְעֵינֵי עֲבָדָיו,
וַיֵּהָפְכוּ כָּל־הַמַּיִם אֲשֶׁר בַּיְאֹר לְדָם.

כא וְהַדָּגָה אֲשֶׁר בַּיְאֹר מֵתָה
וַיִּבְאַשׁ הַיְאֹר
וְלֹא יָכְלוּ מִצְרַיִם לִשְׁתּוֹת מַיִם מִן הַיְאֹר,
וַיְהִי הַדָּם בְּכָל־אֶרֶץ מִצְרָיִם.

וַיִּבְאַשׁ it reeked (smelled terrible)

כב וַיַּעֲשׂוּ־כֵן חַרְטֻמֵּי מִצְרַיִם בְּלָטֵיהֶם,
וַיֶּחֱזַק לֵב פַּרְעֹה
וְלֹא שָׁמַע אֲלֵהֶם כַּאֲשֶׁר דִּבֶּר ה'.

A First Reading

1 **Draw** a [box] around the **name of the מַכָּה** on pages 27–30.

The name of the מַכָּה repeats ☐ times.

2 **Highlight** in color, then **mark** ☑.

- ☑ In יָרֹק, what מֹשֶׁה says to פַּרְעֹה. (פָּסוּק טז)
- ☐ In אָדֹם, the actions that bring the מַכָּה, and the outcome of the מַכָּה. (פָּסוּק כ)
  - The actions are: "________________וַ" "________________וַ"
- ☐ In סָגֹל, the purpose of the מַכָּה. (פָּסוּק טז)
- ☐ In כָּחֹל, whom and what the מַכָּה injures. (פְּסוּקִים יח–יט, כא)
- ☐ In צָהֹב, what the magicians do. (פָּסוּק כב)
- ☐ In וָרֹד, what פַּרְעֹה requests of מֹשֶׁה and of אַהֲרֹן. (פָּסוּק יז)
- ☐ In כָּתֹם, what happens to the heart of פַּרְעֹה. (פָּסוּק כב)
  - Who hardens the heart of פַּרְעֹה? (פָּסוּק כב) ____________________

A Second Reading

3 הַדְבִּיקוּ — **Paste** the correct icons next to the matching פְּסוּקִים. (pages 34–36)

4 גִּזְרוּ — **Cut out** page 101, and
כִּתְבוּ — **write** the correct פְּסוּקִים in לְשׁוֹן הַתּוֹרָה.
שִׂימוּ לֵב — Be careful: They do not all appear in the story of the מַכָּה!

5 סַכְּמוּ — **Summarize** the story of the מַכָּה in the table on page 72.
Mark ✓ in the appropriate places.

6 כִּתְבוּ — **Write** questions to the דְּמֻיּוֹת.

frogs

הַמַּכָּה הַשְּׁנִיָּה: צְפַרְדֵּעַ

פֶּרֶק ז פְּסוּקִים כו-כט; פֶּרֶק ח פְּסוּקִים ב-יא

פֶּרֶק ז פְּסוּקִים כו-כט

כו וַיֹּאמֶר ה' אֶל מֹשֶׁה:
"בֹּא אֶל פַּרְעֹה, וְאָמַרְתָּ אֵלָיו:
'כֹּה אָמַר ה': שַׁלַּח אֶת-עַמִּי וְיַעַבְדֻנִי.

וְיַעַבְדֻנִי (ע-ב-ד) יַעַבְדוּ אוֹתִי [so that] they will worship me

כז וְאִם מָאֵן אַתָּה לְשַׁלֵּחַ,
הִנֵּה אָנֹכִי נֹגֵף אֶת-כָּל-גְּבוּלְךָ
בַּצְפַרְדְּעִים.

נֹגֵף attack

כח וְשָׁרַץ הַיְאֹר צְפַרְדְּעִים
וְעָלוּ וּבָאוּ בְּבֵיתֶךָ
וּבַחֲדַר מִשְׁכָּבְךָ
וְעַל מִטָּתֶךָ,
וּבְבֵית עֲבָדֶיךָ
וּבְעַמֶּךָ
וּבְתַנּוּרֶיךָ
וּבְמִשְׁאֲרוֹתֶיךָ.

וּבַחֲדַר מִשְׁכָּבְךָ and in your bedroom

וּבְמִשְׁאֲרוֹתֶיךָ and in your bread-kneading bowls

כט וּבְכָה (וּבְךָ) וּבְעַמְּךָ
וּבְכָל-עֲבָדֶיךָ
יַעֲלוּ הַצְפַרְדְּעִים."

פֶּרֶק ח פְּסוּקִים ב–יא

ב וַיֵּט אַהֲרֹן אֶת־יָדוֹ עַל מֵימֵי מִצְרָיִם,
וַתַּעַל הַצְּפַרְדֵּעַ וַתְּכַס אֶת־אֶרֶץ מִצְרָיִם.

ג וַיַּעֲשׂוּ־כֵן הַחַרְטֻמִּים בְּלָטֵיהֶם,
וַיַּעֲלוּ אֶת־הַצְפַרְדְּעִים עַל אֶרֶץ מִצְרָיִם.

ד וַיִּקְרָא פַרְעֹה לְמֹשֶׁה וּלְאַהֲרֹן וַיֹּאמֶר:
"הַעְתִּירוּ אֶל ה'
וְיָסֵר הַצְפַרְדְּעִים מִמֶּנִּי וּמֵעַמִּי,
וַאֲשַׁלְּחָה אֶת־הָעָם וְיִזְבְּחוּ לַה'."

ה וַיֹּאמֶר מֹשֶׁה לְפַרְעֹה:
"הִתְפָּאֵר עָלַי: לְמָתַי אַעְתִּיר לְךָ
וְלַעֲבָדֶיךָ וּלְעַמְּךָ
לְהַכְרִית הַצְפַרְדְּעִים מִמְּךָ וּמִבָּתֶּיךָ?
רַק בַּיְאֹר תִּשָּׁאַרְנָה."

ו וַיֹּאמֶר: "לְמָחָר,"
וַיֹּאמֶר: "כִּדְבָרְךָ
לְמַעַן תֵּדַע כִּי אֵין כַּה' אֶ-לֹהֵינוּ."

. . . .

יא וַיַּרְא פַּרְעֹה כִּי הָיְתָה הָרְוָחָה
וְהַכְבֵּד אֶת־לִבּוֹ וְלֹא שָׁמַע אֲלֵהֶם,
כַּאֲשֶׁר דִּבֶּר ה'.

וַתַּעַל (ע–ל–ה) עָלְתָה rose

וַתְּכַס (כ–ס–ה) כִּסְּתָה covered

וְיָסֵר (ס–ו–ר) הוּא יִקַּח he will take

הִתְפָּאֵר עָלַי you may have this triumph over me

לְהַכְרִית לְהַפְסִיק to put an end to

A First Reading

1 **Draw** a box around the **name of the מַכָּה** on pages 38–40.

The name of the מַכָּה occurs ☐ times.

2 **Highlight** in color, then mark ☑:

- ☐ In יָרֹק, what מֹשֶׁה says to פַּרְעֹה and how he warns him. (פֶּרֶק ז פְּסוּקִים כו–כז)
- ☐ In אָדֹם, the action that brings the מַכָּה, and the outcome of the מַכָּה. (פֶּרֶק ח פָּסוּק ב)
  - The action is: "וַי______________"
- ☐ In צָהֹב, what the magicians do. (פֶּרֶק ח פָּסוּק ג)
- ☐ In וָרֹד, what פַּרְעֹה requests of מֹשֶׁה and of אַהֲרֹן. (פֶּרֶק ח פָּסוּק ד)
  - What will מֹשֶׁה and אַהֲרֹן request of God? ______________
- ☐ In כָּחֹל, whom and what the מַכָּה injures. (פֶּרֶק ז פְּסוּקִים כח–כט)
- ☐ In סָגֹל, the purpose of the מַכָּה. (פֶּרֶק ח פָּסוּק ו)
- ☐ In כָּתֹם, what happens to the heart of פַּרְעֹה. (פָּסוּק יא)
  - Who hardens the heart of פַּרְעֹה? ______________ (פָּסוּק יא)

A Second Reading

3 הַדְבִּיקוּ — **Paste** the correct icons next to the matching פְּסוּקִים. (pages 38–40)

4 גִּזְרוּ — **Cut out** page 101, and
כִּתְבוּ — **write** the correct פְּסוּקִים in לְשׁוֹן הַתּוֹרָה.
שִׂימוּ לֵב — Be careful: They do not all appear in the story of the מַכָּה!

5 סַכְּמוּ — **Summarize** the story of the מַכָּה in the table on page 72.
Mark ✓ in the appropriate places.

6 כִּתְבוּ — **Write** questions to the דְּמֻיּוֹת.

הַמַּכָּה הַשְּׁלִישִׁית: כִּנִּים

lice

פֶּרֶק ח פְּסוּקִים יב–טו

יב וַיֹּאמֶר ה' אֶל מֹשֶׁה:
"אֱמֹר אֶל אַהֲרֹן:
'נְטֵה אֶת־מַטְּךָ וְהַךְ אֶת־עֲפַר הָאָרֶץ,
וְהָיָה לְכִנִּם בְּכָל־אֶרֶץ מִצְרָיִם.'"

וְהַךְ	(נ–כ–ה)	strike!, hit!
עֲפַר		the dust of

יג וַיַּעֲשׂוּ־כֵן
וַיֵּט אַהֲרֹן אֶת־יָדוֹ בְמַטֵּהוּ
וַיַּךְ אֶת־עֲפַר הָאָרֶץ
וַתְּהִי הַכִּנָּם
בָּאָדָם
וּבַבְּהֵמָה,
כָּל־עֲפַר הָאָרֶץ הָיָה כִנִּים
בְּכָל־אֶרֶץ מִצְרָיִם.

יד וַיַּעֲשׂוּ־כֵן הַחַרְטֻמִּים בְּלָטֵיהֶם
לְהוֹצִיא אֶת־הַכִּנִּים
וְלֹא יָכֹלוּ,
וַתְּהִי הַכִּנָּם בָּאָדָם וּבַבְּהֵמָה.

טו וַיֹּאמְרוּ הַחַרְטֻמִּם אֶל פַּרְעֹה:
"אֶצְבַּע אֱ-לֹהִים הִוא (הִיא)!"
וַיֶּחֱזַק לֵב פַּרְעֹה
וְלֹא שָׁמַע אֲלֵהֶם כַּאֲשֶׁר דִּבֶּר ה'.

A First Reading

1 **Draw** a box around the **name of the מַכָּה** on page 42.

The name of the מַכָּה occurs ☐ times.

2 **Highlight** in color, then mark ☑:

- ☐ In אָדֹם, the actions that bring the מַכָּה, and the outcome of the מַכָּה. (פָּסוּק יג)
  - The actions are: "__________וַי" "__________וַי"
- ☐ In צָהֹב , what the magicians do, and what they say. (פְּסוּקִים יד–טו)
  - What do the magicians say to פַּרְעֹה? __________
- ☐ In כָּחֹל, whom and what the מַכָּה injures. (פָּסוּק יג)
- ☐ In כָּתֹם, what happens to the heart of פַּרְעֹה. (פָּסוּק טו)
  - Who hardens the heart of פַּרְעֹה? __________

A Second Reading

3 הַדְבִּיקוּ — **Paste** the correct icons next to the matching פְּסוּקִים. (page 42)

4 גִּזְרוּ — **Cut out** page 101, and
כִּתְבוּ — **write** the correct פְּסוּקִים in לְשׁוֹן הַתּוֹרָה.
שִׂימוּ לֵב — Be careful: They do not all appear in the story of the מַכָּה!

5 סַכְּמוּ — **Summarize** the story of the מַכָּה in the table on page 72.
Mark ✓ in the appropriate places.

6 כִּתְבוּ — **Write** questions to the דְּמֻיּוֹת.

הַמַּכָּה הָרְבִיעִית: עָרֹב
פֶּרֶק ח פְּסוּקִים טז-כח

עָרֹב	1. insects
	2. wild animals

טז וַיֹּאמֶר ה' אֶל מֹשֶׁה:
"הַשְׁכֵּם בַּבֹּקֶר וְהִתְיַצֵּב לִפְנֵי פַרְעֹה,
הִנֵּה יוֹצֵא הַמָּיְמָה,
וְאָמַרְתָּ אֵלָיו:
'כֹּה אָמַר ה': שַׁלַּח עַמִּי וְיַעַבְדֻנִי.

הִתְיַצֵּב (נ-צ-ב) station yourself

יז כִּי אִם אֵינְךָ מְשַׁלֵּחַ אֶת-עַמִּי,
הִנְנִי מַשְׁלִיחַ
בְּךָ
וּבַעֲבָדֶיךָ
וּבְעַמְּךָ וּבְבָתֶּיךָ
אֶת-הֶעָרֹב,
וּמָלְאוּ בָּתֵּי מִצְרַיִם אֶת-הֶעָרֹב
וְגַם הָאֲדָמָה אֲשֶׁר הֵם עָלֶיהָ.

אֵינְךָ אַתָּה לֹא you do not

יח וְהִפְלֵיתִי בַיּוֹם הַהוּא אֶת-אֶרֶץ גֹּשֶׁן
אֲשֶׁר עַמִּי עֹמֵד עָלֶיהָ
לְבִלְתִּי הֱיוֹת-שָׁם עָרֹב,
לְמַעַן תֵּדַע כִּי אֲנִי ה' בְּקֶרֶב הָאָרֶץ.'"

וְהִפְלֵיתִי I will make a distinction

כ   וַיַּעַשׂ ה' כֵּן

וַיָּבֹא עָרֹב כָּבֵד

בֵּיתָה פַרְעֹה

וּבֵית עֲבָדָיו,

וּבְכָל־אֶרֶץ מִצְרַיִם

תִּשָּׁחֵת הָאָרֶץ מִפְּנֵי הֶעָרֹב.

will be destroyed (שׁ-ח-ת)   תִּשָּׁחֵת

. . . .

כד   וַיֹּאמֶר פַּרְעֹה:

"אָנֹכִי אֲשַׁלַּח אֶתְכֶם

וּזְבַחְתֶּם לַה' אֱ־לֹהֵיכֶם בַּמִּדְבָּר,

רַק הַרְחֵק לֹא תַרְחִיקוּ לָלֶכֶת,

הַעְתִּירוּ בַּעֲדִי."

you shall sacrifice (ז-ב-ח)   וּזְבַחְתֶּם

do not go far!   הַרְחֵק לֹא תַרְחִיקוּ   לֹא תֵּלְכוּ רָחוֹק

for me   בִּשְׁבִילִי   בַּעֲדִי

. . . .

כו   וַיֵּצֵא מֹשֶׁה מֵעִם פַּרְעֹה,

וַיֶּעְתַּר אֶל ה'.

. . . .

כח   וַיַּכְבֵּד פַּרְעֹה אֶת־לִבּוֹ

גַּם בַּפַּעַם הַזֹּאת,

וְלֹא שִׁלַּח אֶת־הָעָם.

בקבוצות

A First Reading

1 **Draw** a box around the **name of the מַכָּה** on pages 45–47.

The name of the מַכָּה occurs ☐ times.

2 **Highlight** in color, then mark ☑:

- ☐ In יָרֹק, what מֹשֶׁה says to פַּרְעֹה, and how he warns him. (פְּסוּקִים טז–יז)
- ☐ In סָגֹל, the purpose of the מַכָּה. (פָּסוּק יח)
- ☐ In כָּחֹל, whom and what the מַכָּה injures. (פְּסוּקִים יז, כ)
- ☐ In כָּחֹל, whom and what the מַכָּה does not injure. (פֶּרֶק ז פְּסוּקִים כח–כט)
- ☐ In וָרֹד, what פַּרְעֹה requests of מֹשֶׁה and of אַהֲרֹן. (פָּסוּק כד)
- ☐ In כָּתֹם, what happens to the heart of פַּרְעֹה. (פָּסוּק כח)

  - Who hardens the heart of פַּרְעֹה? (פָּסוּק כב) ____________

A Second Reading

3 הַדְבִּיקוּ — **Paste** the correct icons next to the matching פְּסוּקִים. (pages 45–47)

4 גִּזְרוּ — **Cut out** page 101, and
כִּתְבוּ — **write** the correct פְּסוּקִים in לְשׁוֹן הַתּוֹרָה.
שִׂימוּ לֵב — Be careful: They do not all appear in the story of the מַכָּה!

5 סַכְּמוּ — **Summarize** the story of the מַכָּה in the table on page 72.
Mark ✓ in the appropriate places.

6 כִּתְבוּ — **Write** questions to the דְּמֻיּוֹת.

livestock disease

הַמַּכָּה הַחֲמִישִׁית: דֶּבֶר

פֶּרֶק ט פְּסוּקִים א-ז

א וַיֹּאמֶר ה' אֶל מֹשֶׁה:
"בֹּא אֶל פַּרְעֹה, וְדִבַּרְתָּ אֵלָיו:
'כֹּה אָמַר ה' אֱ-לֹהֵי הָעִבְרִים:
'שַׁלַּח אֶת-עַמִּי וְיַעַבְדֻנִי.'

ב כִּי אִם מָאֵן אַתָּה לְשַׁלֵּחַ
וְעוֹדְךָ מַחֲזִיק בָּם,

וְעוֹדְךָ מַחֲזִיק בָּם מַמְשִׁיךְ לְהַחֲזִיק בָּהֶם
continue to hold them

ג הִנֵּה יַד ה' הוֹיָה
בְּמִקְנְךָ אֲשֶׁר בַּשָּׂדֶה
בַּסּוּסִים בַּחֲמֹרִים
בַּגְּמַלִּים בַּבָּקָר וּבַצֹּאן,
דֶּבֶר כָּבֵד מְאֹד."

מִקְנְךָ הַמִּקְנֶה שֶׁלְּךָ your livestock, your cattle
מִקְנֶה = בְּהֵמוֹת cattle

ד וְהִפְלָה ה'
בֵּין מִקְנֵה יִשְׂרָאֵל וּבֵין מִקְנֵה מִצְרָיִם
וְלֹא יָמוּת מִכָּל-לִבְנֵי יִשְׂרָאֵל דָּבָר.

. . . .

ו וַיַּעַשׂ ה' אֶת-הַדָּבָר הַזֶּה מִמָּחֳרָת
וַיָּמָת כֹּל מִקְנֵה מִצְרָיִם,
וּמִמִּקְנֵה בְנֵי יִשְׂרָאֵל לֹא מֵת אֶחָד.

ז וַיִּשְׁלַח פַּרְעֹה
וְהִנֵּה לֹא מֵת מִמִּקְנֵה יִשְׂרָאֵל עַד אֶחָד,
וַיִּכְבַּד לֵב פַּרְעֹה וְלֹא שִׁלַּח אֶת-הָעָם.

A First Reading

1 **Draw** a box around the **name of the מַכָּה** on page 49.

The name of the מַכָּה occurs ☐ times.

2 **Highlight** in color, then mark ☑:

- ☐ In יָרֹק, what מֹשֶׁה says to פַּרְעֹה, and how he warns him. (פְּסוּקִים א–ב)
- ☐ In אָדֹם, the actions that bring the מַכָּה, and the outcome of the מַכָּה. (פָּסוּק ו)
  - The action is: "ה' ______________וַיְ"
- ☐ In כָּחֹל, whom and what the מַכָּה injures. (פָּסוּק ג)
- ☐ In כָּחֹל, whom and what the מַכָּה does not injure. (פְּסוּקִים ד, ו)
- ☐ In כָּתֹם, what happens to the heart of פַּרְעֹה. (פָּסוּק ז)
  - Who hardens the heart of פַּרְעֹה? ______________

A Second Reading

3 הַדְבִּיקוּ — **Paste** the correct icons next to the matching פְּסוּקִים. (page 49)

4 גִּזְרוּ — **Cut out** page 101, and
כִּתְבוּ — **write** the correct פְּסוּקִים in לְשׁוֹן הַתּוֹרָה.
שִׂימוּ לֵב — Be careful: They do not all appear in the story of the **!**מַכָּה

5 סַכְּמוּ — **Summarize** the story of the מַכָּה in the table on page 72.
Mark ✓ in the appropriate places.

6 כִּתְבוּ — **Write** questions to the דְּמֻיּוֹת.

skin disease
הַמַּכָּה הַשִּׁשִּׁית: שְׁחִין

פֶּרֶק ט פְּסוּקִים ח–יב

ח וַיֹּאמֶר ה׳ אֶל מֹשֶׁה וְאֶל אַהֲרֹן:
"קְחוּ לָכֶם מְלֹא חָפְנֵיכֶם פִּיחַ כִּבְשָׁן,
וּזְרָקוֹ מֹשֶׁה הַשָּׁמַיְמָה לְעֵינֵי פַרְעֹה.

מְלֹא חָפְנֵיכֶם פִּיחַ הַכִּבְשָׁן handfuls of soot

ט וְהָיָה לְאָבָק עַל כָּל-אֶרֶץ מִצְרָיִם,
וְהָיָה עַל הָאָדָם
וְעַל הַבְּהֵמָה
לִשְׁחִין פֹּרֵחַ אֲבַעְבֻּעֹת
בְּכָל-אֶרֶץ מִצְרָיִם."

אָבָק dust

שְׁחִין skin disease

אֲבַעְבֻּעֹת blisters, boils

י וַיִּקְחוּ אֶת-פִּיחַ הַכִּבְשָׁן
וַיַּעַמְדוּ לִפְנֵי פַרְעֹה
וַיִּזְרֹק אֹתוֹ מֹשֶׁה הַשָּׁמָיְמָה,
וַיְהִי שְׁחִין אֲבַעְבֻּעֹת פֹּרֵחַ בָּאָדָם וּבַבְּהֵמָה.

יא וְלֹא יָכְלוּ הַחַרְטֻמִּים לַעֲמֹד לִפְנֵי מֹשֶׁה
מִפְּנֵי הַשְּׁחִין,
כִּי הָיָה הַשְּׁחִין בַּחַרְטֻמִּם וּבְכָל-מִצְרָיִם.

יב וַיְחַזֵּק ה׳ אֶת-לֵב פַּרְעֹה וְלֹא שָׁמַע אֲלֵהֶם,
כַּאֲשֶׁר דִּבֶּר ה׳ אֶל מֹשֶׁה.

בקבוצות

A First Reading

1 **Draw** a box around the **name of the מַכָּה** on page 52.

The name of the מַכָּה occurs ☐ times.

2 **Highlight** in color, then mark ☑:

- ☐ In אָדֹם, the actions that bring the מַכָּה, and the outcome of the מַכָּה. (פָּסוּק י)
  - The actions are: "____________וַי" "____________וַי"
- ☐ In כָּחֹל, whom and what the מַכָּה injures. (פְּסוּקִים ט–י)
- ☐ In צָהֹב, what is written about the magicians. (פָּסוּק יא)
  - What happened to the magicians? ________________________
- ☐ In כָּתֹם, what happens to the heart of פַּרְעֹה. (פָּסוּק יב)
  - Who hardens the heart of פַּרְעֹה? ____________

A Second Reading

3 הַדְבִּיקוּ — **Paste** the correct icons next to the matching פְּסוּקִים. (page 52)

4 גִּזְרוּ — **Cut out** page 101, and
כִּתְבוּ — **write** the correct פְּסוּקִים in לְשׁוֹן הַתּוֹרָה.
שִׂימוּ לֵב — Be careful: They do not all appear in the story of the מַכָּה!

5 סַכְּמוּ — **Summarize** the story of the מַכָּה in the table on page 72.
Mark ✓ in the appropriate places.

6 כִּתְבוּ — **Write** questions to the דְּמֻיּוֹת.

hail

הַמַּכָּה הַשְּׁבִיעִית: בָּרָד

פֶּרֶק ט פְּסוּקִים יג–לה

יג וַיֹּאמֶר ה' אֶל מֹשֶׁה:
"הַשְׁכֵּם בַּבֹּקֶר וְהִתְיַצֵּב לִפְנֵי פַרְעֹה,
וְאָמַרְתָּ אֵלָיו: 'כֹּה אָמַר ה' אֱ·לֹהֵי הָעִבְרִים:
שַׁלַּח אֶת־עַמִּי וְיַעַבְדֻנִי.

יד כִּי בַּפַּעַם הַזֹּאת
אֲנִי שֹׁלֵחַ אֶת־כָּל־מַגֵּפֹתַי אֶל לִבְּךָ
וּבַעֲבָדֶיךָ וּבְעַמֶּךָ,
בַּעֲבוּר תֵּדַע כִּי אֵין כָּמֹנִי בְּכָל־הָאָרֶץ.

מַגֵּפֹתַי (נ–ג–פ) my plagues, epidemics

טו כִּי עַתָּה שָׁלַחְתִּי אֶת־יָדִי
וָאַךְ אוֹתְךָ וְאֶת־עַמְּךָ בַּדָּבֶר,
וַתִּכָּחֵד מִן הָאָרֶץ.

שָׁלַחְתִּי I could have stretched out my hand
וָאַךְ אֲנִי אַכֶּה I could have stricken
וַתִּכָּחֵד you would have perished

טז וְאוּלָם בַּעֲבוּר זֹאת הֶעֱמַדְתִּיךָ
בַּעֲבוּר הַרְאֹתְךָ אֶת־כֹּחִי,
וּלְמַעַן סַפֵּר שְׁמִי בְּכָל־הָאָרֶץ.

. . . .

יח הִנְנִי מַמְטִיר כָּעֵת מָחָר בָּרָד כָּבֵד מְאֹד
אֲשֶׁר לֹא הָיָה כָמֹהוּ בְּמִצְרַיִם
לְמִן הַיּוֹם הִוָּסְדָה וְעַד־עָתָּה.

מַמְטִיר (מ־ט־ר) מוֹרִיד גֶּשֶׁם rain down

מִן הַיּוֹם הִוָּסְדָה since it was founded

יט וְעַתָּה שְׁלַח הָעֵז אֶת־מִקְנְךָ
וְאֵת כָּל־אֲשֶׁר לְךָ בַּשָּׂדֶה,
כָּל־הָאָדָם וְהַבְּהֵמָה אֲשֶׁר יִמָּצֵא בַשָּׂדֶה
וְלֹא יֵאָסֵף הַבַּיְתָה,
וְיָרַד עֲלֵהֶם הַבָּרָד וָמֵתוּ.''

וְלֹא יֵאָסֵף (א־ס־פ) that was not gathered in

· · · · · · · · · ·

כה וַיַּךְ הַבָּרָד בְּכָל־אֶרֶץ מִצְרַיִם
אֵת כָּל־אֲשֶׁר בַּשָּׂדֶה מֵאָדָם וְעַד בְּהֵמָה,
וְאֵת כָּל־עֵשֶׂב הַשָּׂדֶה הִכָּה הַבָּרָד
וְאֶת־כָּל־עֵץ הַשָּׂדֶה שִׁבֵּר.

עֵשֶׂב הַשָּׂדֶה wild grass

כו רַק בְּאֶרֶץ גֹּשֶׁן אֲשֶׁר שָׁם בְּנֵי יִשְׂרָאֵל,
לֹא הָיָה בָּרָד.

כז וַיִּשְׁלַח פַּרְעֹה וַיִּקְרָא לְמֹשֶׁה וּלְאַהֲרֹן
וַיֹּאמֶר אֲלֵהֶם: ''חָטָאתִי הַפָּעַם,
ה' הַצַּדִּיק וַאֲנִי וְעַמִּי הָרְשָׁעִים.

כח הַעְתִּירוּ אֶל ה׳
וְרַב מִהְיֹת קֹלֹת אֱ·לֹהִים וּבָרָד,
וַאֲשַׁלְּחָה אֶתְכֶם וְלֹא תֹסִפוּן לַעֲמֹד.״

וְרַב מִהְיֹת	יִהְיֶה סוֹף there will be an end

כט וַיֹּאמֶר אֵלָיו מֹשֶׁה:
״כְּצֵאתִי אֶת־הָעִיר אֶפְרֹשׂ אֶת־כַּפַּי אֶל ה׳,
הַקֹּלוֹת יֶחְדָּלוּן וְהַבָּרָד לֹא יִהְיֶה־עוֹד
לְמַעַן תֵּדַע כִּי לַה׳ הָאָרֶץ.״

כְּצֵאתִי	(י–צ–א) כַּאֲשֶׁר אֵצֵא when I go out
אֶפְרֹשׂ אֶת־כַּפַּי	I will spread out my hands
קֹלֹת	thunder
יֶחְדָּלוּן	(ח–ד–ל) יַפְסִיקוּ will stop

. . . .

לד וַיַּרְא פַּרְעֹה כִּי חָדַל הַמָּטָר וְהַבָּרָד וְהַקֹּלֹת
וַיֹּסֶף לַחֲטֹא,
וַיַּכְבֵּד לִבּוֹ הוּא וַעֲבָדָיו.

לה וַיֶּחֱזַק לֵב פַּרְעֹה
וְלֹא שִׁלַּח אֶת־בְּנֵי יִשְׂרָאֵל,
כַּאֲשֶׁר דִּבֶּר ה׳ בְּיַד מֹשֶׁה.

A First Reading

1 Draw a ⬚box⬚ around the **name of the** מַכָּה on pages 55–58.

The name of the מַכָּה occurs ⬚ ⬚ times.

2 **Highlight** in color, then mark ✔:

☐ In ⬚יָרֹק⬚, what מֹשֶׁה says to פַּרְעֹה. (פָּסוּק יג)

☐ In ⬚אָדֹם⬚, the actions that bring the מַכָּה, and the outcome of the מַכָּה. (פָּסוּק כה)

• The action is: "וַיְ_____"

☐ In ⬚סָגֹל⬚, the purpose of the מַכָּה. (פְּסוּקִים יד, טז, כט)

☐ In ⬚כָּחֹל⬚, whom and what the מַכָּה injures. (פָּסוּק כה)

☐ In ⬚כָּחֹל⬚, whom and what the מַכָּה does not injure. (פָּסוּק כו)

☐ In ⬚וָרֹד⬚, what פַּרְעֹה requests of מֹשֶׁה and of אַהֲרֹן. (פָּסוּק כח)

☐ In ⬚כָּתֹם⬚, what happens to the heart of פַּרְעֹה. (פְּסוּקִים לד–לה)

A Second Reading

3 הַדְבִּיקוּ — **Paste** the correct icons next to the matching פְּסוּקִים. (pages 55–58)

4 גִּזְרוּ — **Cut out** page 101, and
כִּתְבוּ — **write** the correct פְּסוּקִים in לְשׁוֹן הַתּוֹרָה.
שִׂימוּ לֵב — Be careful: They do not all appear in the story of the מַכָּה!

5 סַכְּמוּ — **Summarize** the story of the מַכָּה in the table on page 72.
Mark ✔ in the appropriate places.

6 כִּתְבוּ — **Write** questions to the דְמֻיּוֹת.

פָּרָשַׁת בֹּא

darkness

הַמַּכָּה הַתְּשִׁיעִית: חֹשֶׁךְ

פֶּרֶק י פְּסוּקִים כא–כט

כא וַיֹּאמֶר ה' אֶל מֹשֶׁה:
"נְטֵה יָדְךָ עַל הַשָּׁמַיִם
וִיהִי חֹשֶׁךְ עַל אֶרֶץ מִצְרָיִם,"
וְיָמֵשׁ חֹשֶׁךְ.

that can be felt וְיָמֵשׁ

כב וַיֵּט מֹשֶׁה אֶת־יָדוֹ עַל הַשָּׁמָיִם,
וַיְהִי חֹשֶׁךְ אֲפֵלָה בְּכָל־אֶרֶץ מִצְרַיִם
שְׁלֹשֶׁת יָמִים.

כג לֹא רָאוּ אִישׁ אֶת־אָחִיו
וְלֹא קָמוּ אִישׁ מִתַּחְתָּיו
שְׁלֹשֶׁת יָמִים,
וּלְכָל־בְּנֵי יִשְׂרָאֵל הָיָה אוֹר בְּמוֹשְׁבֹתָם.

כד וַיִּקְרָא פַרְעֹה אֶל מֹשֶׁה וַיֹּאמֶר: "לְכוּ עִבְדוּ אֶת־ה'
רַק צֹאנְכֶם וּבְקַרְכֶם יֻצָּג,
גַּם טַפְּכֶם יֵלֵךְ עִמָּכֶם."

shall be kept back יֻצָּג

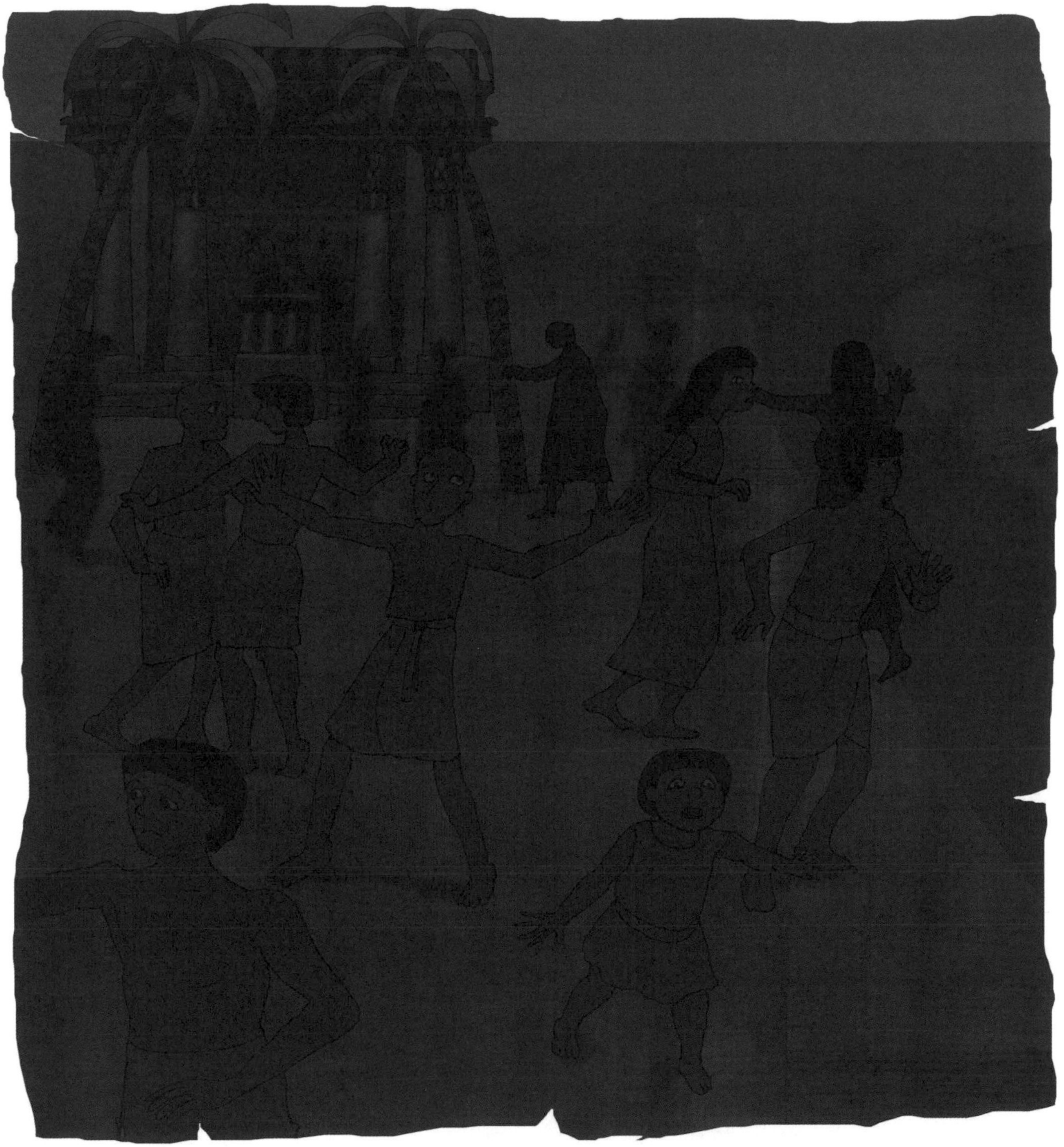

כה וַיֹּאמֶר מֹשֶׁה: "גַּם אַתָּה תִּתֵּן בְּיָדֵנוּ
זְבָחִים וְעֹלֹת,
וְעָשִׂינוּ לַה' אֱ·לֹהֵינוּ."

זְבָחִים וְעֹלֹת sacrifices

. . . .

כז וַיְחַזֵּק ה' אֶת-לֵב פַּרְעֹה,
וְלֹא אָבָה לְשַׁלְּחָם.

כח וַיֹּאמֶר לוֹ פַרְעֹה:
"לֵךְ מֵעָלָי,
הִשָּׁמֶר לְךָ
אַל תֹּסֶף רְאוֹת פָּנַי,
כִּי בְּיוֹם רְאֹתְךָ פָנַי תָּמוּת."

אַל תֹּסֶף רְאוֹת פָּנַי לֹא תִּרְאֶה עוֹד אֶת פָּנַי
do not again see my face!

כט וַיֹּאמֶר מֹשֶׁה:
"כֵּן דִּבַּרְתָּ,
לֹא אֹסִף עוֹד רְאוֹת פָּנֶיךָ."

A First Reading

1 **Draw** a box around the **name of the** מַכָּה on pages 60–62.

The name of the מַכָּה occurs ☐ times.

2 **Highlight** in color, then mark ☑:

- ☐ In אדם, the action that brings the מַכָּה, and the outcome of the מַכָּה. (פָּסוּק כב)
  - The action is: "________________וַי"
- ☐ In כָּחֹל, whom and what the מַכָּה injures. (פְּסוּקִים כב–כג)
- ☐ In כָּחֹל, whom and what the מַכָּה does not injure. (פָּסוּק כג)
- ☐ In כָּתֹם, what happens to the heart of פַּרְעֹה. (פָּסוּק כז)

A Second Reading

3 הַדְבִּיקוּ — **Paste** the correct icons next to the matching פְּסוּקִים. (pages 60–62)

4 גִּזְרוּ — **Cut out** page 101, and
כִּתְבוּ — **write** the correct פְּסוּקִים in לְשׁוֹן הַתּוֹרָה.
שִׂימוּ לֵב — Be careful: They do not all appear in the story of the מַכָּה!

5 סַכְּמוּ — **Summarize** the story of the מַכָּה in the table on page 72.
Mark ✓ in the appropriate places.

6 כִּתְבוּ — **Write** questions to the דְּמֻיּוֹת.

What Will Be Written about מַכַּת בְּכוֹרוֹת?

1 What will be written about the tenth מַכָּה? **Try to predict**, and
כִּתְבוּ — **write** in your own words.
(Think: What will be written? How will it be written?
You may be helped by the repeating terms and words that you have learned.)

מֹשֶׁה and אַהֲרֹן say to פַּרְעֹה and warn him:

____

____

The actions that bring the מַכָּה: ____________________

The purpose of the מַכָּה: ____________________

The מַכָּה injures ____________________

The מַכָּה does not injure ____________________

The advisors of פַּרְעֹה say or do: ____________________

____

פַּרְעֹה requests that מֹשֶׁה and אַהֲרֹן pray to God ____________________

____

The heart of פַּרְעֹה: ____________________

הַמַּכָּה הָעֲשִׂירִית: מַכַּת בְּכוֹרוֹת

firstborn sons

פֶּרֶק יא פְּסוּקִים ד–ז; פֶּרֶק יב פְּסוּקִים כט–לג

פֶּרֶק יא פְּסוּקִים ד–ז

ד וַיֹּאמֶר מֹשֶׁה: "כֹּה אָמַר ה':
'כַּחֲצֹת הַלַּיְלָה אֲנִי יוֹצֵא בְּתוֹךְ מִצְרָיִם.

כַּחֲצֹת הַלַּיְלָה at midnight

ה וּמֵת כָּל־בְּכוֹר בְּאֶרֶץ מִצְרַיִם
מִבְּכוֹר פַּרְעֹה הַיֹּשֵׁב עַל כִּסְאוֹ
עַד בְּכוֹר הַשִּׁפְחָה אֲשֶׁר אַחַר הָרֵחָיִם,
וְכֹל בְּכוֹר בְּהֵמָה.

בְּכוֹר firstborn son

אַחַר הָרֵחָיִם behind the millstones

. . . .

ז . . . לְמַעַן תֵּדְעוּן אֲשֶׁר יַפְלֶה ה' בֵּין מִצְרַיִם וּבֵין יִשְׂרָאֵל.'"

פֶּרֶק יב פְּסוּקִים כט–לג

כט וַיְהִי בַּחֲצִי הַלַּיְלָה
וַה' הִכָּה כָל־בְּכוֹר בְּאֶרֶץ מִצְרַיִם
מִבְּכֹר פַּרְעֹה הַיֹּשֵׁב עַל כִּסְאוֹ
עַד בְּכוֹר הַשְּׁבִי אֲשֶׁר בְּבֵית הַבּוֹר,
וְכֹל בְּכוֹר בְּהֵמָה.

הַשְּׁבִי the captive
בְּבֵית הַבּוֹר in the dungeon

ל וַיָּקָם פַּרְעֹה לַיְלָה
הוּא וְכָל־עֲבָדָיו וְכָל־מִצְרַיִם
וַתְּהִי צְעָקָה גְדֹלָה בְּמִצְרָיִם,
כִּי אֵין בַּיִת אֲשֶׁר אֵין שָׁם מֵת.

לא וַיִּקְרָא לְמֹשֶׁה וּלְאַהֲרֹן לַיְלָה
וַיֹּאמֶר: "קוּמוּ צְּאוּ מִתּוֹךְ עַמִּי
גַּם אַתֶּם גַּם בְּנֵי יִשְׂרָאֵל,
וּלְכוּ עִבְדוּ אֶת־ה' כְּדַבֶּרְכֶם.

כְּדַבֶּרְכֶם כְּמוֹ שֶׁדִּבַּרְתֶּם as you have spoken

לב גַּם צֹאנְכֶם גַּם בְּקַרְכֶם
קְחוּ כַּאֲשֶׁר דִּבַּרְתֶּם וָלֵכוּ,
וּבֵרַכְתֶּם גַּם אֹתִי."

לג וַתֶּחֱזַק מִצְרַיִם עַל הָעָם
לְמַהֵר לְשַׁלְּחָם מִן הָאָרֶץ,
כִּי אָמְרוּ כֻּלָּנוּ מֵתִים.

וַתֶּחֱזַק strongly urged

קְרִיאָה מְרַפְרֶפֶת פֶּרֶק יא פְּסוּקִים ד–ז; פֶּרֶק יב פְּסוּקִים כט–לג
(Introductory Reading)

בְּבַקָּשָׁה:

1 **Draw** a box around the **name of the מַכָּה** on pages 65–67.

The name of the מַכָּה occurs ☐ times.

2 **Highlight** in colors to match:

אדֹם The action that brings the מַכָּה. (פֶּרֶק יב פָּסוּק כט)

סָגֹל The purpose of the מַכָּה. (פֶּרֶק יא פָּסוּק ז)

כָּחֹל The מַכָּה injures . . . (פֶּרֶק יב פָּסוּק כט)

כָּחֹל The מַכָּה does not injure . . . (פֶּרֶק יא פָּסוּק ז)

כָּתֹם The response of פַּרְעֹה. (פֶּרֶק יב פְּסוּקִים לא–לב)

3 הַדְבִּיקוּ — **Paste** the correct icons next to the matching פְּסוּקִים. (Pages 65–67)

קְרִיאָה מַעֲמִיקָה פֶּרֶק יא פְּסוּקִים ד–ז; פֶּרֶק יב פְּסוּקִים כט–לג
(In-depth Reading)

1 God makes a distinction between יִשְׂרָאֵל and מִצְרַיִם:

"... **לְמַעַן תֵּדְעוּן** אֲשֶׁר **יַפְלֶה** ה' בֵּין מִצְרַיִם וּבֵין יִשְׂרָאֵל" (פֶּרֶק י"א פָּסוּק ז')

- What will the Egyptians know?

- Who else will know? — And what?

א Ask a question that is connected to פָּסוּק ז:

2 In פֶּרֶק ו פָּסוּק א, God promises מֹשֶׁה:

...עַתָּה תִרְאֶה אֲשֶׁר אֶעֱשֶׂה לְפַרְעֹה, כִּי בְיָד חֲזָקָה יְשַׁלְּחֵם וּבְיָד חֲזָקָה יְגָרְשֵׁם מֵאַרְצוֹ.

In פֶּרֶק יב פָּסוּק לג, it is written:

וַתֶּחֱזַק מִצְרַיִם עַל הָעָם לְמַהֵר לְשַׁלְּחָם מִן הָאָרֶץ, כִּי אָמְרוּ כֻּלָּנוּ מֵתִים.

- What do we learn from this about God?

3 כִּתְבוּ – **Write** the correct פְּסוּקִים in לְשׁוֹן הַתּוֹרָה.
שִׂימוּ לֵב – Be careful: They do not all appear in the story of the מַכָּה!

יָרֹק מֹשֶׁה and אַהֲרֹן say to פַּרְעֹה and warn him: • "שַׁלַּח . . ." • "אִם מָאֵן . . ."

אָדֹם The actions that bring the מַכָּה: • "וַיֵּט . . ." • "וַיָּרֶם . . ." • "וַיַּךְ . . ."

סָגֹל The purpose of the מַכָּה: • "לְמַעַן . . ." • "בַּעֲבוּר . . ."

כָּחֹל The מַכָּה injures . . .

כָּחֹל The מַכָּה does not injure . . . • "וְהִפְלָה . . ."

צָהֹב The advisors of פַּרְעֹה say or do: • הַחַרְטֻמִּים • הָעֲבָדִים

וָרֹד פַּרְעֹה requests that מֹשֶׁה and אַהֲרֹן pray to God: • "הַעְתִּירוּ . . ."

כָּתֹם The heart of פַּרְעֹה: • "וַיֶּחֱזַק . . ." • "וַיַּכְבֵּד . . ."

4 הַשְׁווּ – **Compare** the פְּסוּקִים with what you wrote on page 64.

5 סַכְּמוּ – **Summarize** מַכַּת בְּכוֹרוֹת in the table on page 72.
Mark ✓ in the appropriate places.

6 I have questions for . . .

- מֹשֶׁה וְאַהֲרֹן
- פַּרְעֹה
- עַבְדֵי פַּרְעֹה
- ה׳

7 In which ways is מַכַּת בְּכוֹרוֹת different from the other מַכּוֹת.
Write at least two ways.

8 Why did God choose מַכַּת בְּכוֹרוֹת as the final מַכָּה, in your opinion?

A Summary of the מַכּוֹת?

The heart of פַּרְעֹה	פַּרְעֹה requests that מֹשֶׁה and אַהֲרֹן pray to God	The advisors of פַּרְעֹה say or do	The מַכָּה distinguishes בְּנֵי יִשְׂרָאֵל	The purpose of the מַכָּה	The actions that bring the מַכָּה	Speak to and warn פַּרְעֹה	The מַכָּה
							דָּם
							צְפַרְדֵּעַ
							כִּנִּים
							עָרֹב
							דֶּבֶר
							שְׁחִין
							בָּרָד
✓ ✓			—				אַרְבֶּה
							חֹשֶׁךְ
							בְּכוֹרוֹת

More about מַכּוֹת מִצְרַיִם

The heart of פַּרְעֹה	The messenger	When was the warning?	Was there warning?	The מַכָּה
פַּרְעֹה: וַיֶּחֱזַק לֵב פַּרְעֹה	אַהֲרֹן	in the morning	yes	דָּם
פַּרְעֹה: וְהַכְבֵּד אֶת־לִבּוֹ	אַהֲרֹן	not written	yes	צְפַרְדֵּעַ
פַּרְעֹה: וַיֶּחֱזַק לֵב פַּרְעֹה	אַהֲרֹן	not written	no	כִּנִּים
פַּרְעֹה: וַיַּכְבֵּד פַּרְעֹה אֶת־לִבּוֹ	מֹשֶׁה	in the morning	yes	עָרֹב
פַּרְעֹה: וַיִּכְבַּד לֵב פַּרְעֹה	מֹשֶׁה	not written	yes	דֶּבֶר
ה': וַיְחַזֵּק ה' אֶת־לֵב פַּרְעֹה	מֹשֶׁה	not written	no	שְׁחִין
ה': וַיֶּחֱזַק לֵב פַּרְעֹה	מֹשֶׁה	in the morning	yes	בָּרָד
ה': וַיְחַזֵּק ה' אֶת־לֵב פַּרְעֹה	מֹשֶׁה	not written	yes	אַרְבֶּה
ה': וַיְחַזֵּק ה' אֶת־לֵב פַּרְעֹה	מֹשֶׁה	not written	no	חֹשֶׁךְ
not written	מֹשֶׁה	not written	yes (2)	בְּכוֹרוֹת

1 There are patterns in the table.

א What are the patterns? ______________________________

ב What do we learn from the fact that there are patterns?

____

____

____

2 In the beginning . . . In the end . . .

In the beginning, פַּרְעֹה said that he did not know God.

In the end, he ______________________

____

____

In the beginning, פַּרְעֹה thought that the magicians were more powerful than everyone.

In the end, ______________________

____

____

In the beginning, פַּרְעֹה was powerful, because in מִצְרַיִם there was much livestock and much produce.

In the end, ______________________

____

____

פֶּרֶק יב פְּסוּקִים א–ג

What Is פֶּסַח מִצְרַיִם?

א וַיֹּאמֶר ה׳ אֶל מֹשֶׁה וְאֶל אַהֲרֹן
בְּאֶרֶץ מִצְרַיִם לֵאמֹר:

ב "הַחֹדֶשׁ הַזֶּה לָכֶם רֹאשׁ חֳדָשִׁים,
רִאשׁוֹן הוּא לָכֶם לְחָדְשֵׁי הַשָּׁנָה.

לְחָדְשֵׁי הַשָּׁנָה לְחֳדָשִׁים שֶׁל הַשָּׁנָה
of the months of the year

ג דַּבְּרוּ אֶל כָּל־עֲדַת יִשְׂרָאֵל לֵאמֹר . . ."

עֲדַת עֵדָה שֶׁל community of

רֹאשׁ חֳדָשִׁים

1	2	3	4	5	6
7	8	9	10	11	12
13	14	15	16	17	18
19	20	21	22	23	24
25	26	27	28	29	30

קְרִיאָה מְרַפְרֶפֶת (פְּסוּקִים א–ג)

(Introductory Reading)

בְּבַקָּשָׁה:

1 **Draw** a box around the שֹׁרֶשׁ of **ח–ד–ש** on page 75.

2 שַׁאֲלוּ – **Ask** questions about פָּסוּק ב.

פָּסוּק ב

?

?

?

3 In פָּסוּק ב, the same thing is written twice. What is written?

א Why, in your opinion? ______________________________

____

4 **Highlight** in צָהֹב the כִּנּוּי that בְּנֵי יִשְׂרָאֵל are called.

קְרִיאָה מַעֲמִיקָה (פְּסוּקִים א–ג)
(In-depth Reading)

1. הַשְׁלִימוּ – **Complete**: פַּרְעֹה calls בְּנֵי יִשְׂרָאֵל:

"______________________________" (פֶּרֶק א פָּסוּק ט)

א What intention did פַּרְעֹה have when he called them this כִּנּוּי, in your opinion?

____

____

2. God calls בְּנֵי יִשְׂרָאֵל:

"______________________________" (פֶּרֶק יב פָּסוּק ג)

א What was God's intention, in your opinion?

____

3. You are from "עֲדַת יִשְׂרָאֵל". What would you do in order to feel a part of עֲדַת יִשְׂרָאֵל?

____

____

____

4. The first מִצְוָה that God commands is connected to the calendar.
Why does "עֲדַת יִשְׂרָאֵל" need a calendar, in your opinion? ______________________________

____

א Why is this the first מִצְוָה that God commands, in your opinion? ______________________________

____

פֶּרֶק יב פְּסוּקִים ג-יא

What Will Happen in This Month?

ג דַּבְּרוּ אֶל כָּל-עֲדַת[1] יִשְׂרָאֵל לֵאמֹר:
"בֶּעָשֹׂר לַחֹדֶשׁ הַזֶּה,
וְיִקְחוּ לָהֶם אִישׁ שֶׂה[2] לְבֵית אָבֹת[3], שֶׂה לַבָּיִת.

ד וְאִם יִמְעַט הַבַּיִת מִהְיוֹת מִשֶּׂה,
וְלָקַח הוּא וּשְׁכֵנוֹ הַקָּרֹב אֶל בֵּיתוֹ בְּמִכְסַת נְפָשֹׁת[4],
אִישׁ לְפִי אָכְלוֹ תָּכֹסּוּ[5] עַל הַשֶּׂה.

ה שֶׂה תָמִים[6] זָכָר בֶּן שָׁנָה יִהְיֶה לָכֶם,
מִן הַכְּבָשִׂים וּמִן הָעִזִּים תִּקָּחוּ.

ו וְהָיָה לָכֶם לְמִשְׁמֶרֶת[7]
עַד אַרְבָּעָה עָשָׂר יוֹם לַחֹדֶשׁ הַזֶּה,
וְשָׁחֲטוּ אֹתוֹ כֹּל קְהַל עֲדַת יִשְׂרָאֵל
בֵּין הָעַרְבָּיִם.

ז וְלָקְחוּ מִן הַדָּם וְנָתְנוּ עַל שְׁתֵּי הַמְּזוּזֹת[8] וְעַל הַמַּשְׁקוֹף[9],
עַל הַבָּתִּים אֲשֶׁר יֹאכְלוּ אֹתוֹ בָּהֶם.

ח וְאָכְלוּ אֶת-הַבָּשָׂר בַּלַּיְלָה הַזֶּה,
צְלִי[10]-אֵשׁ וּמַצּוֹת עַל מְרֹרִים יֹאכְלֻהוּ.

1 עֲדַת עֵדָה שֶׁל community of

2 שֶׂה כֶּבֶשׂ וְעֵז
a lamb or a goat

3 לְבֵית אָבֹת לְמִשְׁפָּחָה for a family

4 בְּמִכְסַת נְפָשֹׁת in proportion to the number of persons

5 תָּכֹסּוּ you shall contribute

6 תָמִים without blemish (bruises, cuts, scars, imperfections)

7 וְהָיָה לָכֶם לְמִשְׁמֶרֶת (ש-מ-ר) תִּשְׁמְרוּ עָלָיו you shall watch over it

8 מְזוּזֹת [רְאוּ עַמּוּד 81 [see page 81

9 הַמַּשְׁקוֹף the lintel (the horizontal support at top of doorway)

10 צְלִי roasted

ט אַל תֹּאכְלוּ מִמֶּנּוּ נָא[11] וּבָשֵׁל מְבֻשָּׁל בַּמָּיִם,
כִּי אִם צְלִי־אֵשׁ רֹאשׁוֹ עַל כְּרָעָיו וְעַל קִרְבּוֹ[12].

י וְלֹא תוֹתִירוּ[13] מִמֶּנּוּ עַד־בֹּקֶר,
וְהַנֹּתָר[14] מִמֶּנּוּ עַד־בֹּקֶר בָּאֵשׁ תִּשְׂרֹפוּ.

יא וְכָכָה תֹּאכְלוּ אֹתוֹ:
מָתְנֵיכֶם חֲגֻרִים[15]
נַעֲלֵיכֶם בְּרַגְלֵיכֶם
וּמַקֶּלְכֶם[16] בְּיֶדְכֶם,
וַאֲכַלְתֶּם אֹתוֹ בְּחִפָּזוֹן[17],
פֶּסַח[18] הוּא לַה'."

11 נָא raw

12 עַל כְּרָעָיו וְעַל קִרְבּוֹ with its legs and intestines

13 תוֹתִירוּ (נ–ת–ר) leave over

14 וְהַנֹּתָר (נ–ת–ר) מַה שֶּׁנִּשְׁאַר that which remains

15 מָתְנֵיכֶם חֲגֻרִים with your sash around your waist

16 מַקֶּלְכֶם הַמַּקֵּל שֶׁלָּכֶם your staff

17 בְּחִפָּזוֹן in a hurry

18 פֶּסַח זֶבַח פֶּסַח a פֶּסַח offering

קְרִיאָה מְרַפְרֶפֶת (פְּסוּקִים ג–יא)
(Introductory Reading)

בְּבַקָּשָׁה:

1 1 **Highlight** in כָּחֹל on pages 78–79 the words from the שֹׁרֶשׁ of ל–ק–ח.

The שֹׁרֶשׁ occurs ☐ times.

2 **Highlight** in יָרֹק the words from the שֹׁרֶשׁ of א–כ–ל.

The שֹׁרֶשׁ occurs ☐ times.

3 It is not written which month is "הַחֹדֶשׁ הַזֶּה". **Highlight** the clues in צָהֹב.

א The clues are: ____________________

ב Based on the clues, "הַחֹדֶשׁ הַזֶּה" is the month of ____________.

4 **Draw** a box around the dates.

5 What does "קְהַל עֲדַת יִשְׂרָאֵל" have to take (לָקַחַת), and what do they have to eat (לֶאֱכֹל)?

to eat לֶאֱכֹל	to take לָקַחַת
____________	____________
____________	____________

6 In which פָּסוּק is the name of the חַג written? ____________

7 צִבְעוּ — **Color** in אֹדֶם the appropriate places in the drawing. (פָּסוּק ז)

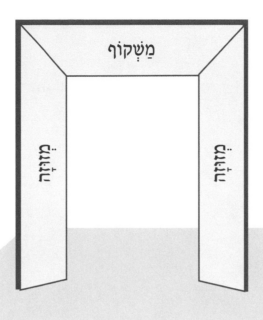

מַשְׁקוֹף

מְזוּזֹת

מְזוּזֹת

א On which houses are they to put ("וְנָתְנוּ") blood? _____

8 What is the correct way to prepare the flesh of the animal? (פָּסוּק ח)

Cross out ✗ the drawing that is not correct.

קְרִיאָה מַעֲמִיקָה (פְּסוּקִים ג–יא)
(In-depth Reading)

1 On which date is the פֶּסַח offering eaten, in your opinion? **הַסְבִּירוּ — Explain.**

____

____

2 "בְּחִפָּזוֹן" (פָּסוּק יא)

Imagine it is morning. You did not wake up on time, so you are in a big hurry!

צַיְּרוּ — Draw what you look like.
(Think about: your clothes, shoes, bag, etc.)

3 How must בְּנֵי יִשְׂרָאֵל eat? **הַשְׁלִימוּ — Complete.** (פָּסוּק יא)

With ____________ around your waist, your shoes (sandals) ____________

your staff ____________, and in ____________.

א Why so? ____

____

4 **קִרְאוּ — Read** פָּסוּק יא with appropriate rhythm.

פֶּרֶק יב פְּסוּקִים יב–יג

"בַּלַּיְלָה הַזֶּה" ?What Will Happen

יב וְעָבַרְתִּי בְאֶרֶץ מִצְרַיִם בַּלַּיְלָה הַזֶּה
וְהִכֵּיתִי[1] כָל־בְּכוֹר בְּאֶרֶץ מִצְרַיִם מֵאָדָם וְעַד בְּהֵמָה,
וּבְכָל־אֱלֹהֵי מִצְרַיִם אֶעֱשֶׂה שְׁפָטִים
אֲנִי ה'.

יג וְהָיָה הַדָּם לָכֶם לְאֹת[2] עַל הַבָּתִּים אֲשֶׁר אַתֶּם שָׁם
וְרָאִיתִי אֶת־הַדָּם וּפָסַחְתִּי[3] עֲלֵכֶם,
וְלֹא יִהְיֶה בָכֶם נֶגֶף לְמַשְׁחִית[4]
בְּהַכֹּתִי[5] בְּאֶרֶץ מִצְרָיִם.

1 **וְהִכֵּיתִי** (נ–כ–ה) I will strike
2 **לְאֹת** לְסִימָן as a sign, symbol
3 **וּפָסַחְתִּי** (פ–ס–ח) אֲדַלֵּג I will pass over
4 **נֶגֶף לְמַשְׁחִית** plague of destruction
5 **בְּהַכֹּתִי** (נ–כ–ה) כַּאֲשֶׁר אַכֶּה when I strike

קְרִיאָה מְרַפְרֶפֶת (פְּסוּקִים יב–יג)
(Introductory Reading)

בְּבַקָּשָׁה:

1. **Draw** a box around the hints about חֹדֶשׁ נִיסָן on page 83.
2. **Highlight** in וָרֹד what God will do to מִצְרַיִם.
3. **Highlight** in כָּחֹל what will not happen to בְּנֵי יִשְׂרָאֵל.

קְרִיאָה מַעֲמִיקָה (פְּסוּקִים יב–יג)
(In-depth Reading)

1. "בַּלַּיְלָה הַזֶּה" what will God do to מִצְרַיִם? (פָּסוּק יב)

   ____

2. "בַּלַּיְלָה הַזֶּה" what will happen to בְּנֵי יִשְׂרָאֵל? (פָּסוּק יג)

   ____

3. What do בְּנֵי יִשְׂרָאֵל have to do so that the מַכָּה does not hurt them? (פָּסוּק ז)

   ____

   א How will God differentiate between the houses of the Egyptians and the houses of בְּנֵי יִשְׂרָאֵל?

   ____

4 **צִבְעוּ — Color** the שֹׁרֶשׁ חוֹזֵר.

וַאֲכַלְתֶּם אֹתוֹ בְּחִפָּזוֹן, פֶּסַח הוּא לַה'. (פָּסוּק יא)

וּפָסַחְתִּי עֲלֵכֶם, וְלֹא יִהְיֶה בָכֶם נֶגֶף לְמַשְׁחִית
בְּהַכֹּתִי בְּאֶרֶץ מִצְרָיִם. (פָּסוּק י"ג)

א The name of the offering is ______________.

ב Why is "חַג הַפֶּסַח" the name of the חַג?

____

____

____

פֶּרֶק יב פְּסוּקִים יד-כ

What Is פֶּסַח דּוֹרוֹת?

יד וְהָיָה הַיּוֹם הַזֶּה לָכֶם לְזִכָּרוֹן[1]
וְחַגֹּתֶם[2] אֹתוֹ חַג לַה',
לְדֹרֹתֵיכֶם[3] חֻקַּת עוֹלָם[4] תְּחָגֻּהוּ.

טו שִׁבְעַת יָמִים מַצּוֹת תֹּאכֵלוּ
אַךְ בַּיּוֹם הָרִאשׁוֹן תַּשְׁבִּיתוּ[5] שְּׂאֹר[6] מִבָּתֵּיכֶם,
כִּי כָּל־אֹכֵל חָמֵץ וְנִכְרְתָה הַנֶּפֶשׁ הַהִוא (הַהִיא) מִיִּשְׂרָאֵל[7]
מִיּוֹם הָרִאשֹׁן עַד־יוֹם הַשְּׁבִעִי.

טז וּבַיּוֹם הָרִאשׁוֹן מִקְרָא־קֹדֶשׁ[8]
וּבַיּוֹם הַשְּׁבִיעִי מִקְרָא־קֹדֶשׁ יִהְיֶה לָכֶם,
כָּל־מְלָאכָה[9] לֹא־יֵעָשֶׂה בָהֶם[10]
אַךְ אֲשֶׁר יֵאָכֵל לְכָל־נֶפֶשׁ[11]
הוּא לְבַדּוֹ יֵעָשֶׂה לָכֶם.

יז וּשְׁמַרְתֶּם אֶת־הַמַּצּוֹת[12]
כִּי בְּעֶצֶם הַיּוֹם הַזֶּה
הוֹצֵאתִי אֶת־צִבְאוֹתֵיכֶם מֵאֶרֶץ מִצְרָיִם,
וּשְׁמַרְתֶּם אֶת־הַיּוֹם הַזֶּה לְדֹרֹתֵיכֶם
חֻקַּת עוֹלָם.

1 לְזִכָּרוֹן (ז-כ-ר) as a memorial

2 וְחַגֹּתֶם (ח-ג-ג): אַתֶּם תָּחֹגּוּ
you shall celebrate

3 לְדֹרֹתֵיכֶם לְכָל הַדּוֹרוֹת
for all generations

4 חֻקַּת עוֹלָם an everlasting rule

5 תַּשְׁבִּיתוּ (ש-ב-ת) תּוֹצִיאוּ
you shall take out, remove

6 שְׂאֹר חָמֵץ

7 וְנִכְרְתָה הַנֶּפֶשׁ הַהִוא מִיִּשְׂרָאֵל
will no longer be part of the community of Israel

8 מִקְרָא־קֹדֶשׁ sacred occasion

9 מְלָאכָה עֲבוֹדָה labor

10 לֹא־יֵעָשֶׂה בָהֶם לֹא תַּעַבְדוּ בָּהֶם
shall not be done on them

11 לְכָל־נֶפֶשׁ לְכָל בֶּן־אָדָם
by each person

אַךְ אֲשֶׁר יֵאָכֵל לְכָל־נֶפֶשׁ
only what is to be eaten by each person

12 אֶת־הַמַּצּוֹת אֶת [חַג] הַמַּצּוֹת

יח בָּרִאשֹׁן בְּאַרְבָּעָה עָשָׂר יוֹם לַחֹדֶשׁ בָּעֶרֶב
תֹּאכְלוּ מַצֹּת עַד יוֹם הָאֶחָד וְעֶשְׂרִים לַחֹדֶשׁ בָּעָרֶב.

יט שִׁבְעַת יָמִים שְׂאֹר לֹא יִמָּצֵא[13] בְּבָתֵּיכֶם,
כִּי כָּל-אֹכֵל מַחְמֶצֶת[14]
וְנִכְרְתָה הַנֶּפֶשׁ הַהִוא (הַהִיא) מֵעֲדַת יִשְׂרָאֵל
בַּגֵּר וּבְאֶזְרַח הָאָרֶץ.

13 **יִמָּצֵא** (מ-צ-א) be found
14 **מַחְמֶצֶת** מָזוֹן שֶׁיֵּשׁ בּוֹ חָמֵץ
15 **מוֹשְׁבֹתֵיכֶם** הַמְּקוֹמוֹת שֶׁאַתֶּם יוֹשְׁבִים (גָּרִים) בָּהֶם
the places where you live

כ כָּל-מַחְמֶצֶת לֹא תֹאכֵלוּ,
בְּכֹל מוֹשְׁבֹתֵיכֶם[15] תֹּאכְלוּ מַצּוֹת.

קְרִיאָה מְרַפְרֶפֶת (פְּסוּקִים יד-כ)
(Introductory Reading)

בְּבַקָּשָׁה:

1. The word חַג (from ח–ג–ג) appears in פָּסוּק יד ☐ times.
   Draw a box around these words. (page 86)

2. **Highlight** on pages 86–87:

   in יָרֹק, the times.

   in צָהֹב, the words: "לְדֹרֹתֵיכֶם חֻקַּת עוֹלָם"

   in כָּחֹל, the words that contain the word "מַצָּה".

   in וָרֹד, the words that are connected to חָמֵץ.

3. What do you think פְּסוּקִים יד–כ will be about?

   ____

4. בְּנֵי יִשְׂרָאֵל must observe ("וּשְׁמַרְתֶּם") two things: (פָּסוּק יז)

   - ______________________________
   - ______________________________

   א Why? ______________________________

   ____

5 What are the special מִצְוֹות of the חַג? **הַתְאִימוּ — Match.**

הַמִּצְוָה בִּלְשׁוֹן הַתּוֹרָה	הַמִּצְוָה בִּלְשׁוֹנֵנוּ
כָּל־מַחְמֶצֶת לֹא תֹאכֵלוּ (פָּסוּק כ)	a חַג forever, for all generations ☐ חַג לְתָמִיד, לְכָל הַדּוֹרוֹת
בַּיּוֹם הָרִאשׁוֹן תַּשְׁבִּיתוּ שְּׂאֹר מִבָּתֵּיכֶם (פָּסוּק טו)	We eat מַצּוֹת for 7 days. ☐ אוֹכְלִים מַצּוֹת בְּמֶשֶׁךְ 7 יָמִים
שִׁבְעַת יָמִים שְׂאֹר לֹא יִמָּצֵא בְּבָתֵּיכֶם (פָּסוּק יט)	On the first day, we take out the חָמֵץ from the house. ☐ בַּיּוֹם הָרִאשׁוֹן מוֹצִיאִים אֶת הֶחָמֵץ מֵהַבַּיִת
שִׁבְעַת יָמִים מַצּוֹת תֹּאכֵלוּ (פָּסוּק טו)	The first day and the seventh day are days of קֹדֶשׁ (holiness). ☐ הַיּוֹם הָרִאשׁוֹן וְהַיּוֹם הַשְּׁבִיעִי - יְמֵי קֹדֶשׁ
וּשְׁמַרְתֶּם אֶת־הַיּוֹם הַזֶּה לְדֹרֹתֵיכֶם חֻקַּת עוֹלָם (פָּסוּק יז)	It is forbidden to eat חָמֵץ. ☐ אָסוּר לֶאֱכֹל חָמֵץ
וּבַיּוֹם הָרִאשׁוֹן מִקְרָא־קֹדֶשׁ וּבַיּוֹם הַשְּׁבִיעִי מִקְרָא־קֹדֶשׁ . . . כָּל־מְלָאכָה לֹא יֵעָשֶׂה בָהֶם (פָּסוּק טז)	For 7 days there shall not be חָמֵץ in the house. ☐ 7 יָמִים לֹא יִהְיֶה חָמֵץ בַּבַּיִת

א Mark ☑ next to the מִצְוֹות that we also observe today.

ב From which פְּסוּקִים do we learn the מִצְוָה of בִּעוּר חָמֵץ (removal of)? **כִּתְבוּ — Write** them.

פָּסוּק ____: ________________________________

פָּסוּק ____: ________________________________

קְרִיאָה מַעֲמִיקָה (פְּסוּקִים יד–כ)
(In-depth Reading)

1 The חַג begins on the 14th of the month. On which date did בְּנֵי יִשְׂרָאֵל go out from מִצְרַיִם, in your opinion?

2 What is forbidden and what is permitted on חַג הַפֶּסַח?
Cross out ✕ that which is forbidden. (פְּסוּקִים יג–כ)

לֶחֶם

מְלָאכָה

מִקְרָא קֹדֶשׁ

מַצָּה

שֶׂה

3 צַיְּרוּ אוֹ כִּתְבוּ — **Draw** or **write** on page 75 the appropriate symbols for each day.

4 **Challenge Question**

- What event established the days of the week and the קְדֻשָּׁה (holiness, uniqueness) of שַׁבָּת? (בְּרֵאשִׁית פֶּרֶק א)

- What event established the month of נִיסָן as the רֹאשׁ חֳדָשִׁים?

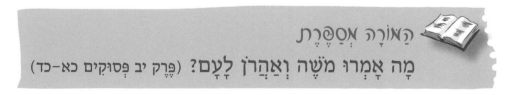

הַתּוֹרָה מְסַפֶּרֶת
מָה אָמְרוּ מֹשֶׁה וְאַהֲרֹן לָעָם? (פֶּרֶק יב פְּסוּקִים כא–כד)

פֶּרֶק יב פְּסוּקִים כה-כח

What Will the Child Ask?

כה וְהָיָה כִּי תָבֹאוּ אֶל הָאָרֶץ
אֲשֶׁר יִתֵּן ה' לָכֶם כַּאֲשֶׁר דִּבֵּר,
וּשְׁמַרְתֶּם אֶת־הָעֲבֹדָה הַזֹּאת.

כו וְהָיָה כִּי יֹאמְרוּ אֲלֵיכֶם בְּנֵיכֶם:
"מָה הָעֲבֹדָה הַזֹּאת לָכֶם?"

כז וַאֲמַרְתֶּם: "זֶבַח פֶּסַח הוּא לַה'
אֲשֶׁר פָּסַח עַל בָּתֵּי בְנֵי יִשְׂרָאֵל בְּמִצְרַיִם
בְּנָגְפּוֹ[1] אֶת־מִצְרַיִם וְאֶת־בָּתֵּינוּ הִצִּיל[2],"
וַיִּקֹּד הָעָם וַיִּשְׁתַּחֲווּ.

כח וַיֵּלְכוּ וַיַּעֲשׂוּ בְּנֵי יִשְׂרָאֵל,
כַּאֲשֶׁר צִוָּה ה' אֶת־מֹשֶׁה וְאַהֲרֹן
כֵּן עָשׂוּ.

1 **בְּנָגְפּוֹ** (נ–ג–פ) כַּאֲשֶׁר הֵבִיא מַגֵּפָה
when he brought an epidemic

2 **הִצִּיל** (נ–צ–ל) saved

קְרִיאָה מְרַפְרֶפֶת (פְּסוּקִים כה–כח)
(Introductory Reading)

בְּבַקָּשָׁה:

1. **Draw** a box on page 91 around the שֹׁרֶשׁ of **ע–ב–ד**.

2. **Highlight** in אדם the children's question.

3. **Highlight** in כָּחֹל the parents' answer.

4. To what does the word "עֲבוֹדָה" refer? (פָּסוּק כו)

5. קִרְאוּ — **Read** in pairs in an appropriate tone of voice the child's question and the parent's answer.

Four Questions in the תּוֹרָה —
Four Children in the הַגָּדָה

In the תּוֹרָה

אַרְבָּעָה בָּנִים
ask questions connected to
חַג הַפֶּסַח.

In the הַגָּדָה שֶׁל פֶּסַח

אַרְבָּעָה בָּנִים are recalled:
one wise — חָכָם,
one simple — תָּם,
one evil — רָשָׁע,
and one who does not know
how to ask — אֵינוֹ יוֹדֵעַ לִשְׁאֹל.

1 In your opinion, which of the children in the הַגָּדָה will ask the question:

"מָה הָעֲבוֹדָה הַזֹּאת לָכֶם?"

הַסְבִּירוּ — **Explain**. _____

_____

_____

קִרְאוּ — **Read** the question in an appropriate tone of voice.

2 The תּוֹרָה provides answers for the questions — and the הַגָּדָה gives answers, too. What is similar, and what is different?

הַשְּׁאֵלָה בַּתּוֹרָה — The question in the תּוֹרָה:

"What are the decrees, laws, and rules . . . ?"

"מָה הָעֵדֹת וְהַחֻקִּים וְהַמִּשְׁפָּטִים. . . ?" (דְּבָרִים פֶּרֶק ו פָּסוּק כ)

The child asks **הַבֵּן הַשּׁוֹאֵל**	The answer in the הַגָּדָה **הַתְּשׁוּבָה בַּהַגָּדָה**	The answer in the תּוֹרָה **הַתְּשׁוּבָה בַּתּוֹרָה** (דְּבָרִים פֶּרֶק ו פָּסוּק כא)

- The child who asks this question is called ____________ in the הַגָּדָה.

Why, in your opinion?

____

____

____

____

- **Mark** ☑ and **הַסְבִּירוּ — explain:**

The answer in the הַגָּדָה is

☐ like the answer in the תּוֹרָה. ☐ different from the answer in the תּוֹרָה.

____

____

הַשְּׁאֵלָה בַּתּוֹרָה — The question in the תּוֹרָה:

"What do you mean by this worship?"

"מָה הָעֲבֹדָה הַזֹּאת לָכֶם?" (שְׁמוֹת פֶּרֶק יב פָּסוּק כו)

The answer in the תּוֹרָה הַתְּשׁוּבָה בַּתּוֹרָה (שְׁמוֹת פֶּרֶק יב פָּסוּק כז)	The answer in the הַגָּדָה הַתְּשׁוּבָה בַּהַגָּדָה	The child asks הַבֵּן הַשּׁוֹאֵל

- The child who asks this question is called ____________ in the הַגָּדָה.

Why, in your opinion?

____

- The answer in the תּוֹרָה is different from the answer in the הַגָּדָה. In what way?

____

הַשְּׁאֵלָה בַּתּוֹרָה — The question in the תּוֹרָה:

"What is this?"

"מַה־זֹּאת?" (שְׁמוֹת פֶּרֶק יג פָּסוּק יד)

The answer in the תּוֹרָה הַתְּשׁוּבָה בַּתּוֹרָה (שְׁמוֹת פֶּרֶק יג פָּסוּק יד)	The answer in the הַגָּדָה הַתְּשׁוּבָה בַּהַגָּדָה	The child asks הַבֵּן הַשּׁוֹאֵל

- The child who asks this question is called ____________ in the הַגָּדָה.

Why, in your opinion?

____

The Fourth Child
שֶׁאֵינוֹ יוֹדֵעַ לִשְׁאֹל (שְׁמוֹת פֶּרֶק יג פָּסוּק ח)

In the הַגָּדָה is written בְּהַגָּדָה כָּתוּב	The answer in the תּוֹרָה הַתְּשׁוּבָה בַּתּוֹרָה (שְׁמוֹת פֶּרֶק יג פָּסוּק ח)

- Why answer the one who does not know how to ask, in your opinion?

3 Two of the children in the הַגָּדָה get the answer that is written in the תּוֹרָה. (שְׁמוֹת פֶּרֶק יב פָּסוּק כז)

The children are: ________________ and ________________.

א Why, in your opinion? ________________

4 What do the אַרְבָּעָה בָּנִים stand for, or represent, in your opinion?

5 With which child would you be happy to celebrate the סֵדֶר night?

הַסְבִּירוּ — Explain. ________________

פֶּרֶק יב פְּסוּקִים לג-מב

How Did בְּנֵי יִשְׂרָאֵל Leave Egypt?

לג וַתֶּחֱזַק[1] מִצְרַיִם עַל הָעָם לְמַהֵר לְשַׁלְּחָם[2] מִן הָאָרֶץ,
כִּי אָמְרוּ: "כֻּלָּנוּ מֵתִים."

לד וַיִּשָּׂא[3] הָעָם אֶת-בְּצֵקוֹ[4] טֶרֶם[5] יֶחְמָץ[6],
מִשְׁאֲרֹתָם צְרֻרֹת[7] בְּשִׂמְלֹתָם[8] עַל שִׁכְמָם[9].

לה וּבְנֵי יִשְׂרָאֵל עָשׂוּ כִּדְבַר מֹשֶׁה,
וַיִּשְׁאֲלוּ מִמִּצְרַיִם כְּלֵי-כֶסֶף וּכְלֵי זָהָב וּשְׂמָלֹת.

לו וַה' נָתַן אֶת-חֵן הָעָם בְּעֵינֵי מִצְרַיִם[10] וַיַּשְׁאִלוּם[11],
וַיְנַצְּלוּ[12] אֶת-מִצְרָיִם.

לז וַיִּסְעוּ בְנֵי יִשְׂרָאֵל מֵרַעְמְסֵס סֻכֹּתָה,
כְּשֵׁשׁ מֵאוֹת אֶלֶף רַגְלִי הַגְּבָרִים
לְבַד[13] מִטָּף[14].

לח וְגַם-עֵרֶב רַב[15] עָלָה אִתָּם,
וְצֹאן וּבָקָר מִקְנֶה כָּבֵד מְאֹד.

1 וַתֶּחֱזַק (ח-ז-ק) pressed them strongly
2 לְשַׁלְּחָם (שׁ-ל-ח) לְשַׁלֵּחַ אוֹתָם to send them out
3 וַיִּשָּׂא (נ-שׂ-א) loaded
4 בְּצֵקוֹ הַבָּצֵק שֶׁלּוֹ its dough
5 טֶרֶם לִפְנֵי before
6 יֶחְמָץ (ח-מ-צ) it would ferment
7 מִשְׁאֲרֹתָם צְרֻרֹת their kneading bowls wrapped
8 בְּשִׂמְלֹתָם בִּבְגָדִים שֶׁלָּהֶם in their clothes
9 שִׁכְמָם their shoulders
10 אֶת-חֵן הָעָם בְּעֵינֵי מִצְרַיִם בנ"י מָצְאוּ חֵן בְּעֵינֵי מִצְרַיִם בְּנֵי יִשְׂרָאֵל found favor in the eyes of מִצְרַיִם
11 וַיַּשְׁאִלוּם (שׁ-א-ל) let them have their request
12 וַיְנַצְּלוּ they stripped (took everything away from)
13 לְבַד חוּץ מִ- except for
14 טַף יְלָדִים children
15 עֵרֶב רַב mixed multitude

לט וַיֹּאפוּ[16] אֶת־הַבָּצֵק אֲשֶׁר הוֹצִיאוּ מִמִּצְרַיִם
עֻגֹת מַצּוֹת
כִּי לֹא חָמֵץ,
כִּי גֹרְשׁוּ[17] מִמִּצְרַיִם
וְלֹא יָכְלוּ לְהִתְמַהְמֵהַּ[18]
וְגַם צֵדָה[19] לֹא עָשׂוּ לָהֶם.

מ וּמוֹשַׁב[20] בְּנֵי יִשְׂרָאֵל אֲשֶׁר יָשְׁבוּ בְּמִצְרָיִם,
שְׁלֹשִׁים שָׁנָה וְאַרְבַּע מֵאוֹת שָׁנָה.

מא וַיְהִי מִקֵּץ[21] שְׁלֹשִׁים שָׁנָה וְאַרְבַּע מֵאוֹת שָׁנָה,
וַיְהִי בְּעֶצֶם הַיּוֹם הַזֶּה
יָצְאוּ כָּל־צִבְאוֹת ה׳ מֵאֶרֶץ מִצְרָיִם.

מב לֵיל שִׁמֻּרִים[22] הוּא לַה׳ לְהוֹצִיאָם מֵאֶרֶץ מִצְרָיִם,
הוּא הַלַּיְלָה הַזֶּה לַה׳
שִׁמֻּרִים לְכָל־בְּנֵי יִשְׂרָאֵל לְדֹרֹתָם.

16 **וַיֹּאפוּ** (א–פ–ה): הֵם אָפוּ they baked
17 **גֹּרְשׁוּ** (ג–ר–ש) they had been driven out
18 **לְהִתְמַהְמֵהַּ** to delay
19 **צֵדָה** מָזוֹן, אֹכֶל nourishment, food
20 **מוֹשַׁב** (י–ש–ב) הַזְּמַן שֶׁיָּשְׁבוּ (שֶׁגָּרוּ) length of stay of
21 **מִקֵּץ** בְּסוֹף at the end of
22 **שִׁמֻּרִים** (ש–מ–ר): שֶׁבּוֹ שָׁמַר vigil

קְרִיאָה מְרַפְרֶפֶת (פְּסוּקִים לג–מב)
(Introductory Reading)

בְּבַקָּשָׁה:

1. **Highlight** in יָרֹק on pages 97–98 all the words that are connected to dough or to חָמֵץ.

2. Why did בְּנֵי יִשְׂרָאֵל hurry? ______________________________

____

3. **Highlight** in צָהֹב the things that בְּנֵי יִשְׂרָאֵל "borrowed" ("שָׁאֲלוּ") from מִצְרַיִם. (פָּסוּק לה)

   א How does the תּוֹרָה describe what בְּנֵי יִשְׂרָאֵל did? (פָּסוּק לו)

   ____

4. **Highlight** in כָּחֹל who left מִצְרַיִם with בְּנֵי יִשְׂרָאֵל. (פָּסוּק לח)

5. **Highlight** in וָרֹד the number that repeats in פְּסוּקִים מ–מא.

   א בְּנֵי יִשְׂרָאֵל lived in מִצְרַיִם for __________ years.

קְרִיאָה מַעֲמִיקָה (פְּסוּקִים לג–מב)
(In-depth Reading)

1 **Highlight** the things that are similar.

אַחֲרֵי מַכַּת הַחֹשֶׁךְ ה' אוֹמֵר לְמֹשֶׁה:
(פֶּרֶק יא, פְּסוּקִים ב–ג)

וְיִשְׁאֲלוּ אִישׁ מֵאֵת רֵעֵהוּ

וְאִשָּׁה מֵאֵת רְעוּתָהּ כְּלֵי־כֶסֶף וּכְלֵי זָהָב.

וַיִּתֵּן ה' אֶת־חֵן הָעָם בְּעֵינֵי מִצְרָיִם.

בנ"י עוֹשִׂים כְּדִבְרֵי מֹשֶׁה:
(פֶּרֶק יב פְּסוּקִים לה–לו)

וַיִּשְׁאֲלוּ מִמִּצְרַיִם כְּלֵי־כֶסֶף וּכְלֵי זָהָב וּשְׂמָלֹת.

וַה' נָתַן אֶת־חֵן הָעָם בְּעֵינֵי מִצְרַיִם וַיַּשְׁאִלוּם,
וַיְנַצְּלוּ אֶת־מִצְרָיִם.

א What do we learn from this about God? ____________________

2 What is your opinion of the behavior of בְּנֵי יִשְׂרָאֵל?

On the one hand, ____________________

____

On the other hand, ____________________

____

In my opinion, ____________________

____________________.

3 בְּנֵי יִשְׂרָאֵל leave מִצְרַיִם after they have lived there for 430 years. Is this easy or difficult, in your opinion? **הַסְבִּירוּ — Explain.** ____________________

____

____

Name of the מַכָּה: ____________________

יָרֹק מֹשֶׁה and אַהֲרֹן say to פַּרְעֹה and warn him: • "שַׁלַּח . . ." • "אִם מָאֵן . . ."

אָדֹם The actions that bring the מַכָּה: • "וַיֵּט . . ." • "וַיָּרֶם . . ." • "וַיַּךְ . . ."

סָגֹל The purpose of the מַכָּה: • "לְמַעַן . . ." • "בַּעֲבוּר . . ."

כָּחֹל The מַכָּה injures . . .

כָּחֹל The מַכָּה does not injure . . . • "וְהִפְלָה . . ."

צָהֹב The advisors of פַּרְעֹה say or do: • הַחַרְטֻמִּים • הָעֲבָדִים

וָרֹד פַּרְעֹה requests that מֹשֶׁה and אַהֲרֹן pray to God: • "הַעְתִּירוּ . . ."

כָּתֹם The heart of פַּרְעֹה: • "וַיֶּחֱזַק . . ." • "וַיַּכְבֵּד . . ."

Name of the מַכָּה: ____________________

יָרֹק מֹשֶׁה and אַהֲרֹן say to פַּרְעֹה and warn him: • "שַׁלַּח . . ." • "אִם מָאֵן . . ."

אָדֹם The actions that bring the מַכָּה: • "וַיֵּט . . ." • "וַיָּרֶם . . ." • "וַיַּךְ . . ."

סָגֹל The purpose of the מַכָּה: • "לְמַעַן . . ." • "בַּעֲבוּר . . ."

כָּחֹל The מַכָּה injures . . .

כָּחֹל The מַכָּה does not injure . . . • "וְהִפְלָה . . ."

צָהֹב The advisors of פַּרְעֹה say or do: • הַחַרְטֻמִּים • הָעֲבָדִים

וָרֹד פַּרְעֹה requests that מֹשֶׁה and אַהֲרֹן pray to God: • "הַעְתִּירוּ . . ."

כָּתֹם The heart of פַּרְעֹה: • "וַיֶּחֱזַק . . ." • "וַיַּכְבֵּד . . ."

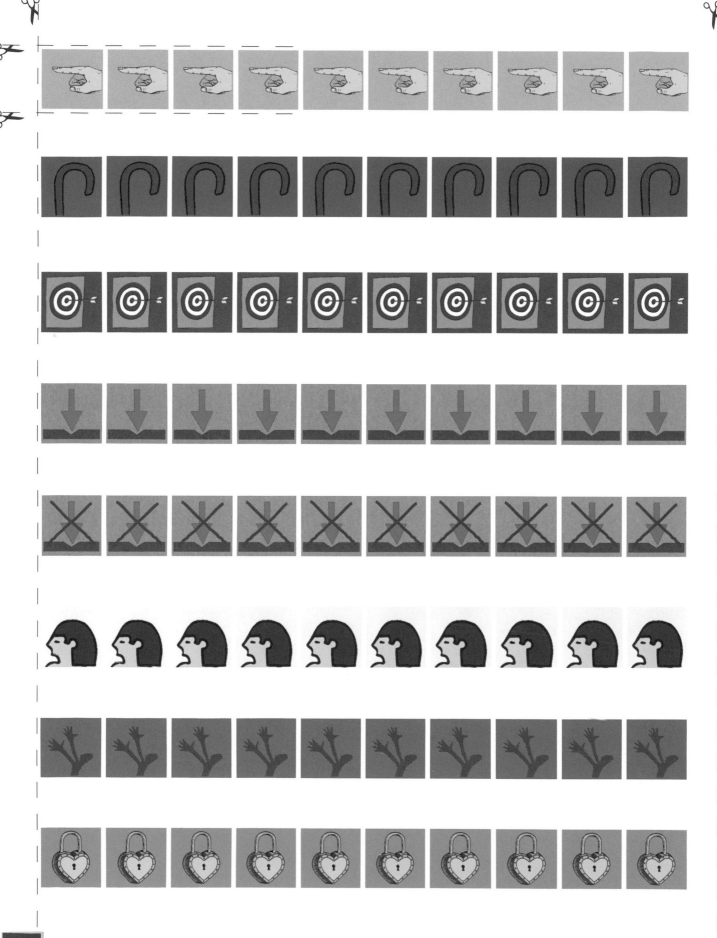